Irmgard Kindt-Siegwalt (Hrsgn)

ALTERNATIVE LÖWENZAHN

Werte im Umbruch –
Was Frauen wahrnehmen

D1721792

Beiträge aus der Arbeit des Burckhardthauses
Herausgegeben von Peter Musall – Band 4

Irmgard Kindt-Siegwalt (Hrsgn)

ALTERNATIVE LÖWENZAHN

Werte im Umbruch –
Was Frauen wahrnehmen

TRIGA\VERLAG

Die Deutsche Bibliothek – CIP-Einheitsaufnahme
Kindt-Siegwalt, Irmgard (Hrsgn):
Alternative Löwenzahn. Werte im Umbruch – Was Frauen
wahrnehmen/ Irmgard Kindt-Siegwalt. –
Gelnhausen: TRIGA\VERLAG, 1999
ISBN 3-89774-050-8

1. Auflage 1999
© Copyright TRIGA\VERLAG
Herzbachweg 2, D-63571 Gelnhausen
Alle Rechte vorbehalten
Umschlaggestaltung: R. Marcel Extra, Frankfurt/Main
Satz: Beate Hautsch, Göttingen
Druck: Digital-Druck GmbH, Frensdorf
Printed in Germany
ISBN 3-89774-050-8

INHALT

IN DER SONNE LEUCHTEN

ZUR FRUCHTBARKEIT REIFEN

Vorwort

Vor Ihnen liegt eine merkwürdige Sammlung von Texten: kürzere und längere Beiträge – Gespräche, Erlebnisse, Berichte, Gedanken, Gedichte, Briefe. Die Verfasserinnen – überwiegend Frauen aus Deutschland, einige aus Österreich, aus der Schweiz und aus dem Elsaß – kommen aus unterschiedlichen Lebenssituationen: es sind Jüngere und Ältere, Verheiratete und Alleinstehende, in Haus und Familie und / oder im Beruf Beschäftigte. Manche üben eine freie, ehrenamtliche Tätigkeit aus. Einige stehen noch in der Ausbildung, andere leben schon im Ruhestand. Eine Autorin ist aus Krankheitsgründen beurlaubt, eine andere ist arbeitslos geworden. Zwei sind im Ausland aufgewachsen.

Geschildert werde ganz alltäglich erscheinende Vorkommnisse: Eine Frau steht in der Schlange beim Einkauf – ein Paket ist angekommen – Leben in einer Wohngemeinschaft – Vorgänge in der Schule – Begegnung im Schrebergarten – ein Kind fällt hin – ein kranker Mensch braucht Hilfe.

Und auf einmal werden tiefere Zusammenhänge sichtbar. Die Frauen erzählen von offenem oder unterdrücktem Ärger, von Abwehr, Härte, Kälte, Angst, Gemeinheit, Gewalt, wie sie sich in unseren Beziehungen zueinander abspielen können. Und dicht daneben beobachten sie die kleine Geste der Hilfsbereitschaft, den originellen Einfall, den Mut, die Weisheit und die List, mit der Einzelne oder Gruppen antworten auf das, was sie einengt, ob es nun von außen kommt oder aus ihnen selbst.

Was hier mitgeteilt wird, ist nicht selten ausgelöst von erfahrener Erschütterung, von dem Gefühl, daß in den modernen westlichen Gesellschaften etwas ins Wanken geraten ist, etwas im Umbruch begriffen, etwas von Zerstörung bedroht.

Dieses Gefühl, diese Wahrnehmung ist nicht neu. Wir haben uns angewöhnt, von »Werteverfall« zu reden, und wir werden von allen Seiten bedrängt, solchem Verfall Einhalt zu gebieten, bestimmte »Grundwerte« zu schützen.

Es ist jedoch schwer zu sagen, ob es die Werte selbst sind, die fragwürdig geworden sind oder unsere Vorstellungen von ihnen. Zwar können wir uns noch darüber verständigen, daß niemand anderen Menschen Schaden zufügen soll, daß man ihnen vielmehr mit Achtung und Toleranz begegnen muß, daß menschenfreundliches Verhalten allen zugute kommt. Aber wie solche Werte in konkretes Tun übersetzt werden können, darüber gehen die Meinungen oft weit auseinander.

Und läßt sich überhaupt die Fähigkeit »beibringen«, den anderen als Betroffenen wahrzunehmen, als die Person, die auf unsere Hilfe, unsere Kraft, unsere Einsicht, vielleicht sogar auf unseren Rechtsverzicht angewiesen ist?

Der Gedanke, miteinander ein Buch zu schreiben, entstand während mehrerer Tagungen, die Frauen auf Einladung des Deutschen National-Komitees des lutherischen Weltbundes 1993 und 1994 in Erfurt, Berlin, Leipzig und Stuttgart um das Thema »Werte« zusammengeführt hatten. Ergebnis dieser Tagungen hätte auch ein Grundsatzdokument zum Wertewandel in der gerade durch die »Wende« veränderten deutschen Gesellschaft werden können. Als viel reizvoller empfanden es die Frauen jedoch, ganz auf Theorie und Prinzipien und weitgehend auf Reflexion und Kommentar zu verzichten und statt dessen Selbsterlebtes mitzuteilen und aus weiblicher Erfahrung und Sicht darzustellen.

Frauen gehen, wie hier gezeigt wird, nicht unbedingt besser, liebevoller, menschlicher mit Leben um als Männer. Neben den gepriesenen »weiblichen« Tugenden stehen Eigenschaften, die zum Fürchten sind. Männer und Frauen, Jugendliche und Kinder, Alte und Junge sind offenbar gleichermaßen fähig, auf zarte menschliche Beziehungen zu treten, so wie sie diese auch sorgsam begleiten und pflegen können, oder wie sie, um ihres Wachstums willen, sogar bereit sind, Nachteile auf sich zu nehmen. Frauen scheint bisweilen die Kraft gegeben zu sein, trotz schwerer Erfahrungen, die sie im Leben gemacht haben, zu versuchen, noch einmal von vorn zu beginnen und den Lebensraum, den sie mit anderen teilen, neu, schöner, zarter und lebendiger zu gestalten. Vielleicht verwirklichen sie ungewöhnliche, innovative Ideen auch, um selbst am Leben zu bleiben, um sich nicht einfach sterben zu lassen.

Es hat uns gereizt, unserer Sammlung die Metapher »Löwenzahn« als Titelwort voranzustellen. Dabei ist gerade nicht einer Blumenidylle das Wort geredet. Mit diesem Titel klingt vielmehr deutlich die Widersprüchlichkeit und Widerspenstigkeit unserer Erfahrung an, die dazu nötigt, wie das »gemeine Unkraut« Löwenzahn Kräfte an den Tag zu legen, um mit viel Unbill fertigzuwerden.

Wenn wir das Miteinander in der Gesellschaft lebensverträglich gestalten wollen, dann können wir uns an der trotzigen Lebensenergie dieser Pflanze ein Beispiel nehmen.

Die vorgelegten Texte lassen sich im engeren oder weiteren Sinn metaphorisch auf die Lebenswirklichkeit beziehen, die die Löwenzahnpflanze vorfindet, oder die sie selbst aus sich heraus schafft: Da ist zunächst die nackte Wirklichkeit als oftmals abweisender Erdboden, da ist die Tiefe und Zählebigkeit der Wurzel, die Durchbruchsenergie der Blätter, die Leuchtkraft der Blüten, und da ist zuletzt die durchsichtige Kugel mit den reifenden Samen ...

Da in vielen individuellen Tönen geschildert wird, lassen sich die Texte nicht immer nur einer Erscheinungsform des Löwenzahns zuordnen. Übergänge sind fließend und regen gerade dadurch die Phantasie an. Auch Sprache und Stil kommen verschieden daher und wurden nur geringfügig verändert, um die Ursprünglichkeit zu erhalten. Das Sprachniveau ist unterschiedlich geblieben. Das entspricht durchaus unserer differenzierten Wahrnehmung und ist nicht zu bedauern.

Im Untertitel unserer Textsammlung haben wir bewußt den Begriff »Umbruch« verwendet, um anzudeuten, daß die Werte, die wir schützen und fördern wollen, das Umbrechen in eine neue Richtung verlangen, in der das Leben aller unterschiedlichen Glieder unserer Gesellschaft möglich ist, der Jungen und Alten, der Kranken und der Gesunden, der Einheimischen und der Ausländer, der Frauen und Männer.

Als verantwortliche Herausgeberin möchte ich am Schluß dieses Vorworts all denen meinen Dank aussprechen, die am Zustandekommen dieses Buches beteiligt waren: allen voran den Frauen selbst, die sich ans Schreiben gemacht haben. Unter ihnen sei Beverly Olson-Dopffel, Tübingen, Elisabeth Parmentier, Straßburg, und Eva-Maria Taut, Dresden, ganz besonders gedankt für die inspirierende Zusammenarbeit und die Ermutigung, die ich bei unseren Treffen zur Durchsicht und Ordnung der Texte erfahren habe.

Nicht vergessen seien die Jugendlichen des Ev. Heidehofgymnasiums Stuttgart, die 1995 im Kunstunterrich bei Susan Rysavy die vergnüglichen Kaltnadelradierungen angefertigt haben.

Und last not least danke ich dem Deutschen Nationalkomitee des Lutherischen Weltbundes, Hannover, das das ganze Vorhaben von Anfang an großzügig gefördert und unterstützt hat.

Straßburg, im März 1999   *Irmgard Kindt-Siegwalt*

Unkraut Löwenzahn

Ist der Ruf einer Pflanze, die uns unseren Respekt abtrotzen muß, noch zu retten? Sie hat nicht den exotischen Reiz der fremdländischen Herkunft. Sie kann nicht mit dem Anspruch auftreten, besonders empfindlich zu sein und fürsorglichen Schutz vor Wind, Sonne oder Kälte zu benötigen. Sie wächst, wo sie will, ohne uns zu fragen. Jede Pflanze tut das, werden Sie wohl erwidern. Diese aber trägt es besonders zur Schau. Als Reaktion darauf und wohl zur Selbstverteidigung nennen wir sie »Unkraut«.

Vernichtendes Urteil! »Unding«, sagen wir damit, sogar »Unpflanze«, und negieren sie grundsätzlich, bestreiten ihre Daseinsberechtigung. Wer einen perfekten Rasen haben will, geht gegen die ersten Ansätze dieses aufmüpfigen, ja subversiven Elements mit Gift oder Stechmesser vor. Mit gründlicher Humorlosigkeit.

Ein Gegenbild: Nach rauhen und dunklen Wintertagen fahre ich zum ersten Mal seit dem Herbst auf einer schmalen Landstraße. Die Bäume tragen den Wunsch nach Blättern nur als grünen Hauch um ihre Kronen. Ich fahre abwärts in eine Kurve, und dort liegt jubelnd vor mir nur Gelbes, ein ganzes Feld voll Gelb, Sattgelb: Löwenzahn.

Aber dieses Bild der heilen Freude trügt, klärt mich später eine Bäuerin nüchtern auf. Das Feld, das den Überfluß an Gelb hervorbringt, ist überdüngt.

Die Lust am Löwenzahn muß sich dann wohl in Grenzen halten: eine Handvoll von einem Kind überreicht – ein Kränzchen oder eine Halskette sacht umgelegt. Bei diesen schönen Blumen muß ich den kindlichen Pflückdrang nicht bremsen. Sie sind schön, aber weder geschützt noch gefährdet, weder giftig noch gestohlen. Gerade ihre Gewöhnlichkeit schützt meine Freude, solange ich das Alltägliche schätzen kann und nicht nur Edles, Seltenes oder Originelles.

Auch das Gewöhnliche und Alltägliche würde aber anders aussehen, wenn wir anders hinschauten. Wir bewerten einen Löwenzahn selten für sich allein. Erst für sich betrachtet, entfaltet er seine Wirklichkeit und zeigt Qualitäten, die ihm in jeder Lebensphase eigen sind. Seine Energie wird aus einer tiefen Wurzel gezogen, die auch schweren Frost und Kälte überlebt. Von Jahr zu Jahr wächst die Wurzel und wird bald nahezu unausrottbar. In dieser Wurzel steckt Lebenskraft, aber auch Bitterkeit und manches Ärgernis. Diese Wurzel schätzen aber andere wieder – die einen als Sinnbild für Zähigkeit und Widerstand, die anderen als Zusatz oder Ersatz, geröstet, für Bohnenkaffee.

Wenn der Frühling naht und die Wurzel aus der Unsichtbarkeit ausbricht und eine Form für diese Lebenskraft sucht, laueren Lüften und wärmeren Strahlen entsprechend, dann sind wir manchmal überrascht. Die Asphaltdecke bekommt eine Rundung, einen Riß, ein Loch. Diese feinen grünen Blätter haben so etwas geschafft? Aus Mauerspalten, in Schutt und Asche, durch die Grasnarbe entfalten sich Rosetten, quicklebendiggrün. Ihre grünen Vitamine dürfen diejenigen genießen, die etwas Bitterkeit im Leben nicht scheuen.

Haben die Blätter einen Platz besetzt, drängt sich die Energie zur Blüte, auf kurzen, auf langen, auf dünnen, auf dicken, auf doppelten Stengeln. Sie kommen früh genug, daß wir nach dunkelgrauen Tagen ihre Untugenden vergessen in der Freude über ihre Farbenpracht. Später werden andere Blumen ihnen die Schau stehlen und sie in den Schatten stellen. Mindert das ihren Wert im jetzigen Augenblick?

Unter den verschiedensten Namen, von Maiblume zu Hundeblume, vom Pissenlit (Bettnässer) zu Dent de lion oder Dandelion, durchlebt die Pflanze diese Phase. Die Bienen bummeln golden bestäubt von ihrem Löwenzahnbesuch weiter. Bienennachahmer legen die Blumenköpfe in eine Wasserzuckerlösung und kochen sie auf für einen vitaminreichen »Blütenhonig«.

Die Blüten des Löwenzahns, die von pflücklustigen Kinderhänden und rachelüsternen Gärtnerfingern verschont bleiben, falten ihre Miniatursonnen zusammen und verblassen. Dann, in ihrem Innersten, versteckt vor neugierigen Augen, vollzieht sich auf geheimnisvolle Weise eine Verwandlung. Als ob sie das Sonnengelb ihrer Blüte als Energiequelle verbraucht hätte, scheint die Pflanze danach kaum mit der etwas lauten, bunten Vorgängerin verwandt zu sein. Die Verwandelte ist elegant und feinfühlig, mit feinsten Mulden am isabellfarbigen Kopf, wo die Samen samt weichen weißen Schirmen in delikater Spannung festgehalten werden. Ob als luftige Kugel, in fester Distanz aufgespannt und gehalten, oder nach dem Regen, der die Schirmchen wie nasse Kätzchen aussehen läßt, bleibt sie stark und fein, filigran und stabil zugleich.

Während in einer früheren Phase das Pflücken des Löwenzahns ein frühzeitiges Töten bedeutet hätte, kann es jetzt mitwirken beim Erreichen eines Zieles: dem möglichst breiten Ausstreuen der Samen.

Ist das das Ziel des ganzen Löwenzahnlebens? Oder haben dunkle Wurzel, bittergrüne Rosette, milchiger Stengel, Sonnenblüte und Pusteblume Wert an sich durch ihr Dasein, als Teil der Vielfalt der Schöpfung, sogar ohne Zweck und Ziel?

Irgendwann sieht man die leeren Stengel nicht mehr, die Blätter sind versteckt in dem vollsommerlichen bodennahen Dschungel. Unbehelligt davon beginnen die Samen ihre Umwandlung und werden zu winzigen Wurzeln mit der Lebensenergie, die als Möglichkeit in ihnen liegt.

Beverly Olson-Dopffel

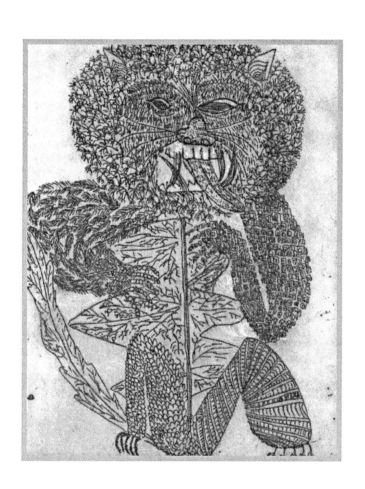

IM
WIRKLICHEN
LANDEN

Ex und hopp

Eine junge Frau sucht zusammen mit Freunden eine große Wohnung, um als Wohngemeinschaft miteinander was Neues auszuprobieren. Mit viel Glück finden sie nach langem Suchen eine genügend große Wohnung. Kurz nach dem Umzug erkrankt die junge Frau an einer akuten Psychose und wird in die Psychiatrie eingeliefert. Nach wenigen Wochen kann sie nach Hause, freut sich: Gott sei Dank, daß ich jetzt nicht allein sein muß! Die andern erklären ihr schon am ersten Abend: Du mußt dir jetzt eine andere Wohnung suchen. Mit einer psychisch Kranken kann man nicht zusammenleben. Wir haben uns da was anderes vorgestellt.

Renate Wüstenberg

Busfahrerin

»Krüppel«, hat ihr neulich jemand hinterhergerufen. Das Wort klingt ihr noch in den Ohren. »Dem hätte ich's aber gegeben«, sagt ihre Mutter. »Hättest ›Vergelt's Gott‹ antworten sollen!« Aber so was kann Marianne nicht, auch wenn die Wut in ihr hochsteigt; auch, wenn es manchmal noch so bitter ist. Wer weiß, was den mal erwischt, hat sie sich gedacht. Gesundheit ist doch nichts Selbstverständliches. Auch sie hat das nicht immer so deutlich gesehen. Bis es dann vor zwei Jahren diesen Einschnitt gegeben hat, der ihr Leben völlig verändern sollte: Fast von einem Tag auf den anderen hat sie das Steuer aus der Hand geben müssen und ihre Arbeit verloren. Als Busfahrerin hatte sie bis dahin souverän den »Großen Gelben« durch den Stadtverkehr gelenkt. Aber eines Tages haben die seltsamen Beschwerden begonnen, die Marianne zuvor nie kannte: Schmerzen, Taubheitsgefühle in Armen und Beinen und Sehstörungen; zeitweise sah sie alles doppelt. Gefährlich beim Busfahren!
Marianne ging zum Arzt, wurde zum Neurologen überwiesen und fand sich schon kurz darauf im Klinikum wieder, einen kleinen Überweisungsschein in der Hand. Als Marianne nach zehn Tagen die Klinik verließ, stand die Diagnose fest: »MS« – Multiple Sklerose. Natürlich hat das Busunternehmen jetzt keine Verwendung mehr für sie. Marianne wird entlassen – nach der gängigen Wegwerfmethode.

Renate Wüstenberg

In der Buchhandlung
aus einem Telefongespräch

»... Stell dir vor, ich geh' in unsere evangelische Buchhandlung und frage nach einem ausgefallenen Titel. Die Frau, die mich bedient, kannte ihn gar nicht und mußte im Katalog nachsehen. Da klingelt plötzlich das Telefon. Sie fragt mich noch, ob sie es abnehmen kann. Ich bejahe und werde unfreiwillig Zeugin des Gesprächs. Zuerst habe ich natürlich gar nicht drauf geachtet, aber auf einmal wurde es lauter. Ich höre, wie die Frau ruft: ›Was, noch vor Weihnachten! Aber ich bin doch schon seit fünfzehn Jahren hier! Und ich bin allein mit meiner Tochter... Und da ist gar nichts zu machen? ...‹ Es geniert sie nicht, sie weint einfach am Telefon, sie kann sich gar nicht beruhigen. Schließlich kommt sie zu mir zurück, wie versteinert.

Ich brauchte nichts zu sagen, es war ja klar, das war die Kündigung. Denk bloß, jetzt, Anfang November! Die Geschäftsleitung sehe sich leider genötigt, zum Jahresende Stellen abzubauen ..., hat man ihr wahrscheinlich erklärt.

Und das passiert dir sogar in einem evangelischen Betrieb! Weißt du, ich hab' mir sofort gesagt: Da kaufst du nie wieder. Daß die auch noch zu feige sind, es der Frau wenigstens persönlich, unter vier Augen, zu sagen. Die konnten sich doch denken, daß jemand im Laden war! Ich wußte nichts zu tun. Ich hab' einfach noch ein bißchen zugehört, ich war grad' die einzige Kundin. Und beim Abschied hab ich gesagt. ›Ich denke an Sie.‹ Aber was ist das schon, in so'ner Situation ...!«

I.K.S.

25

Das große Paket

Fabian kam nach den Weihnachtsferien nicht in die Schule. Seine Mutter schrieb der Klassenlehrerin, er liege mit einer Darmentzündung im Krankenhaus. Sie hoffe aber, ihn nächste Woche wieder zu Hause zu haben und bald schicken zu können. Nachdem sich der Rückkehrtermin noch dreimal hinausgezögert hatte, kam Fabian endlich wieder, größer geworden und blaß. Aber bereits nach zwei Tagen fehlte er erneut. Er hatte einen Rückfall bekommen.

Die Mutter wurde in die Elternsprechstunde bestellt. Sie vermutete, die Krankheit hänge mit jener furchtbaren Sache zusammen, die sie Weihnachten erlebt hätten. Die Mutter lebte mit Fabian schon seit einigen Jahren getrennt von ihrem Mann. Dieser hatte die Familie wegen einer anderen Frau verlassen. Fabian liebte die Mutter, aber er hing auch sehr am Vater. Darum versäumte er es nie, ihm zu dessen Geburtstag und zu Weihnachten und Ostern eine kleine Freude zu machen. Meist war es etwas Selbstgemachtes, gebastelt oder gemalt. Der Vater reagierte spät und einsilbig. Er wollte seine Frau zur Scheidung bewegen. Er wollte einen Schlußstrich unter die erste Ehe ziehen.

Aber nun, gerade auf Weihnachten, hatte er ein großes Paket an Fabian geschickt. Voller Spannung und Vorfreude wartete der auf den Augenblick, an dem er endlich auspacken durfte. Hastig riß er das Papier weg, um den Karton zu öffnen. Aber was brachte er heraus! Immer stärker wurde sein Zittern, immer fahler sein Gesicht, bis er plötzlich in sich zusammensank.

»Ich dachte, er stirbt mir auf der Stelle. So regungslos saß er da«, erzählte die Mutter. »Mein Mann hatte die Geschenke zurückgeschickt, die Fabian ihm gemacht hatte. Alle, ohne Ausnahme, aber kaputt: zerrissen, zerknäuelt, durchgeschnitten oder entzweigebrochen ...«

Irmgard Kindt-Siegwalt

Zu Hause und in der Schule

Florian war sechseinhalb Jahre alt und ging in meine erste Klasse. Er verbrachte Weihnachten auf Sri Lanka und konnte mir Angaben über Geographie, Sitten und Bräuche machen. Es gelang ihm nicht, sich in die Klassengemeinschaft einzufügen. Er verweigerte nicht nur Lesen und Schreiben, sondern auch Spielen und Singen. Die Eltern, eine junge Mutter und ein alter Vater, der nun endlich (wie er sagte) einen Sohn hatte, führten gemeinsam ein Geschäft.

Um das Defizit an Zuwendung auszugleichen, wurden Unmengen von Spielzeug gekauft und dem Sohn viele Handgriffe abgenommen. Ein halbes Jahr lang erschien die Mutter in regelmäßigen Abständen, und ich gab ihr ganz konkrete Anweisungen, wie sie und ihr Mann in der knappen Zeit mit dem Kind umgehen könnten: zusammen sprechen und spielen, die Selbständigkeit fördern, nicht mit Spielzeug überhäufen. Die Mutter bemühte sich wirklich. Dann kam sie zu mir. »Ich kann nicht mit meinem Kind spielen, es macht mir keinen Spaß, es geht einfach nicht.« Diese Frau konnte die Beglückung nicht finden, die der Umgang mit einem Kind mit sich bringen kann. Sie dankte mir mit einem Geschenk für meinen Zeitaufwand.

Ich mußte Florian ausschulen. Im Jahr darauf wurde er in einer Ganztagsschule untergebracht.

Till wohnt mit seinen Eltern in einer landschaftlich schönen Vorstadtgegend. Mutter und Vater sind moderne, aufgeschlossene Menschen, die den Kontakt zur Schule pflegen. Ich unterrichte Till in der vierten Klasse. Einige Zeit vor seinem zehnten Geburtstag spricht mich Till in der Pause an: »Ich wünsche mir, daß mir

meine Mutter abends eine Viertelstunde im Bett vorliest.«
Ich schlage vor, einen Wunschzettel zu schreiben. Enttäuscht erscheint Till nach seinem Fest bei mir, er habe tolle Geschenke bekommen, aber nicht – das Vorlesen. »Meine Mutter hat gesagt«, so fährt er fort, »ich bin doch nicht blöd; du gehst doch in die Schule, um lesen zu lernen.«
Ich tröste Till damit, daß ich in der Schule häufig vorlese. Und er meint: »Meinen Kindern lese ich später viel vor.«
Die Mutter, die ihren Sohn zu sämtlichen außerschulischen Veranstaltungen (Judo, Schwimmen, Flötenunterricht) fährt, blieb bei einem Gespräch mit mir verständnislos.

Gewalt tritt vermehrt auch bei unseren Grundschulkindern auf. Immer wieder höre ich Väter sagen: »Was glauben Sie, wie wir uns früher geschlagen und verhauen haben!« Dazu ist mir folgendes aufgefallen: Gewalt richtet sich nicht nur gegen jemand, der einen anderen hänselt oder provoziert, sondern wird ganz willkürlich angewandt. Ein Beispiel, das ich inzwischen öfter erlebt habe: Zwei Mädchen gehen über den Schulhof. Ein größerer Junge staucht sie von hinten in den Rücken hinauf. Ein Mädchen fällt hin. Auf meine Frage: »Warum machst du das?« bekomme ich zur Antwort: »Die sind gerade so geschickt vor mir hergelaufen.«

Heidi Mailänder

Frische Erdbeeren

Als wir in Leipzig lebten, in den siebziger Jahren, hatte ich, als Theologin, mir eine Tätigkeit gesucht, die verhältnismäßig gut mit dem Leben als Mutter einer größeren Familie zu vereinbaren war. Ich hatte eine Anstellung als Reisereferentin der kirchlichen Frauenarbeit. Dadurch war ich vormittags zu Hause, konnte für die Familie kochen und nach dem Essen die Küche wieder in Ordnung bringen. Dann setzte ich mich in mein kleines Auto und fuhr zu einem Frauenabend oder Elternkreis in der näheren oder weiteren Umgebung, wo ich ein Referat hielt oder auch eine Bibelarbeit.

Von dort kam ich spät abends nach Hause, manchmal um Mitternacht, manchmal auch früher, vielleicht um zehn Uhr abends. Eines Abend im Juni kam ich nach Hause, Mann und zwei Kinder saßen im Wohnzimmer beim Fernsehen. »Ach, du bist schon da. Das ist schön. In der Küche steht ein Körbchen mit frischen Erdbeeren. Die hat es heute gerade gegeben.«

Dazu muß man wissen, daß in der DDR die Obstversorgung recht mangelhaft war. Da bedeutete ein Körbchen Erdbeeren schon etwas Besonderes. Ich freute mich also, ging in die Küche und fand die Erdbeeeren auf dem Tisch stehend. Da nahm ich eine Handvoll aus dem Spankörbchen, putzte und wusch sie, zuckerte sie etwas und wollte mich zur Familie ins Wohnzimmer setzen. Dort brach heftige Empörung aus: »Was, du hast nur für dich Erdbeeren geputzt? Wir wollten doch auch welche.«

Eva-Maria Taut

Zweierlei Maß

Psychologin: Du, Karin, ich hab' das zufällig beobachtet in der Pause, wie hart du auf Jasmin eingeschlagen hast. Sie ist doch viel kleiner und zarter als du und hat sich gar nicht wehren können!

Karin: Wieso? – Also, die Jasmin hat mich wirklich genervt! Immer nimmt sie in Technik mein Werkzeug, oft ohne zu fragen. Das brauch' ich aber selber, und wenn ich's will, muß ich erst suchen. Da habe ich ihr angedroht, sie das nächste Mal zu verhauen. Sie hat also gewußt, was ihr blüht.

Psychologin: Ich kann deinen Ärger schon verstehen. Aber du hast ihr ganz brutal weh getan: Ihr Gesicht ist immer noch geschwollen, die Nase hat geblutet, und sie hat sehr weinen müssen.

Karin: Ist mir doch egal – die merkt sich's jedenfalls fürs nächste Mal!

Psychologin: Willst du dir nicht mal einen Augenblick lang vorstellen, wie das wäre, wenn du von einer viel stärkeren Klassenkameradin so heftig geschlagen würdest?

Karin: Wieso? Ich mach' so was wie Jasmin ja nicht. Aber wenn mich jemand so schlagen würde – na, das wär' natürlich fies. Aber ich glaub' nicht, daß das passiert ...

Irmgard Kindt-Siegwalt
nach einem Bericht von Margrit Hebel

31

Gedächtnisprotokoll

(S: Junge, sechzehn Jahre alt; Z: Sozialarbeiterin).

S. wird von zwei Polizisten in den Kinder- und Jugendnotdienst gebracht, in dem er seit gut einer Woche lebt, nachdem er zwei Wochen in einem Abrißhaus zugebracht hat. Zu Hause fühlt er sich wie ein kleines Kind behandelt und ist deshalb dort weggegangen. Die Polizisten haben ihn in »seinem« Abrißhaus überrascht, als er dabei war, Feuer zu machen.

Z. (nachdem die Polizisten gegangen sind): Hast du richtig im Ofen Feuer gemacht oder so auf dem Fußboden?

S.: Im Ofen.

(Er geht nach oben in sein Zimmer und kommt nach kurzer Zeit mit zwei Bierbüchsen in den Händen wieder.)

So, ich soll ja jetzt aufs Jugendamt gehen.

(Er bleibt in der Tür stehen).

Z.: Bist du mit Frau X. verabredet?

S.: Ja.

Z.: Was wird mit dem Bier, willst du das mitnehmen?

S.: Klar, das trink' ich vorher.

Z.: Vielleicht ist das doch nicht so gut, mit einer Bierfahne zu Frau X. zu gehen.

S.: Wieso, Frau X. weiß doch, daß ich trinke. Sie hat letztens zu mir gesagt: Du brauchst keinen Heimplatz, du brauchst einen Sarg.

Z.: Wenn du das hörst, ist das nicht schlimm für dich?

S.: Nee, sie hat doch recht.

Regina Zapff

Mobbing

Mitte der achtziger Jahre arbeitete ich als Sekretärin in einem Büro für die Projektierung von Krankenhäusern. Jeden Tag pünktlich um sechs Uhr dreißig mußte ich an meinem Arbeitsplatz sein und sowohl für meinen Chef als auch für eine fünfzehnköpfige Abteilung Schreibarbeiten erledigen ... Das Klima in unserer Abteilung war nicht gut. Die Gehässigkeiten und Intrigen der Kolleginnen – die Abteilung setzte sich hauptsächlich aus Damen zusammen – richteten sich mal gegen die eine, mal gegen die andere. Wenn ich zurückdenke, kann ich immer noch die Enge, Kleinkariertheit und Langeweile fühlen, die die Atmosphäre bestimmten.

Es war an einem sonnigen Tag, als ein Mann in mittleren Jahren meine Kollegin und mich freundlich grüßend, zum Chefzimmer ging. Ich sah ihn zum ersten Mal und ließ mich von meiner Kollegin aufklären. Sie teilte mir mit, daß Herr A. ein zukünftiger Mitarbeiter für unsere Abteilung sei und gerade den Arbeitsvertrag unterschreibe. Damals kam mir sofort der Gedanke, der Mann könne seine Entscheidung bereuen, wenn er wüßte, welches Arbeitskollektiv ihn erwartete.
Eine Kollegin, von der ich den Eindruck hatte, daß sie wenig einfühlsam war und zudem unkorrekt arbeitete, wurde ausersehen, Herrn A. einzuarbeiten.
Zunächst schien alles gutzugehen. Herr A. war meist zu einem kleinen Scherz aufgelegt. Die Arbeit schien ihm Spaß zu machen. Er strahlte Selbstsicherheit und Zuversicht aus. Hinter seinem Rücken wurde freilich bald geflüstert. Das sei ein komischer Kauz! Schon wie er sich kleide, und das widerliche Parfüm, das er benutze. Und wieso sei der denn nicht verheiratet? Er sei auch in

eine viel zu hohe Gehaltsgruppe eingestuft worden, man müsse stark bezweifeln, ob der jemals seinen Aufgaben gewachsen sei ...

Zuerst redeten sie hinter vorgehaltener Hand. Später aber begannen sie ihm offen ihre Verachtung zu zeigen. Ich erinnere mich an folgende Szene, in der A. Gesprächsthema war:

»Hast du das mitgekriegt, A. hat ein geradezu unmögliches Projekt erstellt. Er hat einfach vergessen, einen Raum mitzuprojektieren. Und die TGLs (Normangabe) stimmen auch nicht.«

»Hab' ich dir doch gleich gesagt: der ist zu blöd für medizinische Projektierung. Hat doch auch gar keine Qualifikation dafür.«

Plötzlich erschien Herr A. im Zimmer.

»Ach, da ist er ja. Was muß ich hören: Sie haben vergessen, einen Raum zu projektieren und die falschen TGL's aufgestellt? Das sollte Ihnen nach zwei Monaten aber nicht mehr passieren!«

»Wie bitte? – falsche TGLs?« fragte Herr A. ungläubig. »Ich habe doch alles von Anfang an mit Frau M. besprochen.«

»Tatsächlich? – Aber Ihr Projekt stimmt weder hinten noch vorn, und die neue Richtlinie fünf Strich elf ist überhaupt nicht zur Anwendung gekommen.«

»Welche neue Richtlinie? Bei diesem Projekt? Davon weiß ich nichts.«

»Frau M., klären Sie Herrn A. doch mal auf.«

Frau M. zog widerwillig ein Papier heraus. Herr A. war fassungslos. Er sah das Papier offenbar zum ersten Mal. Aber er traute sich nicht zu fragen, warum man ihn nicht früher von der Existenz der neuen Richtlinie unterrichtet hatte. Er beteuerte ein paarmal, daß er leider von dem Papier noch nichts gehört habe, aber sein Projekt natürlich umgehend entsprechend der neuen Richtlinie umarbeiten werde. Darauf erhielt er die lakonische Antwort, wenn er das Projekt überarbeite, werde er auf keinen Fall den Termin einhalten können.

Verunsichert und ohne noch ein weiteres Wort zu sagen, zog sich A. nun in sein Zimmer zurück.

Ich fand es empörend. Man hatte ihm einfach die notwendigen Informationen vorenthalten, die zur Erledigung seiner Arbeit nötig waren. Und jetzt ließ man ihn sitzen.

Es fiel mir auf, daß wir von ihm keinen Scherz mehr hörten. Er schien so wenig wie möglich auffallen, ja, sich beinahe unsichtbar machen zu wollen. Und sein Gesicht hatte oft einen ernsten fragenden Ausdruck.

Das reizte die Damen nur noch mehr. »Was der heute wieder für eine Miene aufgesetzt hat.« »Hab' ich doch gleich gesagt, für den Mist, den der macht, kriegt der im Grunde zu viel Geld ...«

Eines Tages meldete sich Herr A. krank. Wochen vergingen, er war immer noch nicht wieder da. Schließlich wurde verlangt, er solle vor der Ärztekommission erscheinen. Die wies ihn, weil sie keine organische Krankheit feststellen konnte, in eine psychiatrische Klinik ein.

Die Reaktion bei uns war typisch: »Ha'm wir doch gleich vermutet, daß mit dem was nicht stimmt ...«

Ich war betroffen, daß es soweit gekommen war. Aber wie hätte ich ihm beistehen können?

Nach seiner Rückkehr aus der Klinik verlor Herr A. keine Zeit mehr und kündigte seinen Arbeitsvertrag bei uns. Zufällig begegnete ich ihm Monate später beim Einkaufen.

Er erzählte, daß er es erst mit Tabletten und dann mit Alkohol versucht hatte ... Er konnte sogar wieder lachen, aber auf seinem Gesicht lagen noch die Schatten der letzten Erfahrungen.

Regina Seifert

Wenn die Rede auf Krieg kommt

Da ist immer etwas im Raum, wenn die Rede auf Krieg kommt.

Als Kind in der Schule hörte ich zu jeder Gelegenheit von den ruhmreichen Taten der Sowjetarmee, die Deutschland vom Hitlerfaschismus befreit hatte und der wir deshalb unverbrüchliche, ewige, brüderliche Freundschaft geschworen hatten. Wir?

Ich kannte diese ruhmreiche Armee nicht, obwohl sie mir während meiner Abitur- und Studienzeit ständig vor Augen war, in Potsdam und Naumburg/S.

Ich kannte keinen einzigen Soldaten dieser Armee persönlich.

Die Brieffreundschaft, die ich zu Irina in Odessa mit meinen Russischkenntnissen aufgebaut hatte, endete nach zwei Jahren abrupt. Es kam keine Post mehr an. Wahrscheinlich sind meine fragenden Briefe nie zu ihr gelangt. Jedenfalls war die ruhmreiche Sowjetarmee für uns beide kein Thema, obwohl manches von dem, was sie schrieb, mir reichlich patriotisch vorkam.

Die Bilder und Berichte von den Verbrechen der deutschen Soldaten in Polen, der Tschechoslowakei und ganz besonders in der Sowjetunion, die wir in der Schule ständig – so kam es mir vor – sahen und hörten, nahmen meine Kinderseele mit. Und wenn ich dann zu Hause davon erzählte, wie unmenschlich sich deutsche Soldaten, die ja meiner Meinung nach alle Faschisten waren, da aufgeführt hatten, wurde meine Mutter immer so eigenartig. Sie hantierte mit irgend etwas und sah mich nicht an, wenn sie dann mit mir redete.

»Krieg ist immer ungerecht. Oder glaubst du vielleicht, daß die alle nur gut waren?«

»Wo wir uns überall versteckten, als es hieß: Die Russen kommen. Mein Gott.«

»Die Friedel haben sie erschossen, weil sie nicht mitgegangen ist. Die hatte Zwillinge, ein halbes Jahr alt.«

»Niemanden haben sie verschont. So ist das mit dem Krieg.«

Immer hatte ich den Eindruck bei solchen Gesprächen, da ist etwas, was ich nicht wissen soll und das ich doch wissen sollte.

Bis heute »weiß« ich es nicht und weiß »es« doch, was damals im Dorf meiner Mutter geschah, als die russischen Soldaten es einnahmen.

Ob wir einmal von Frau zu Frau von dem reden können, was ihr damals widerfahren ist, weiß ich nicht. Und ob es gut wäre für uns beide.

Es ist jedenfalls immer im Raum, wenn die Rede auf Krieg kommt ...

Petra-Edith Pietz

Eine »jugoslawische« Biographie

Der Schock, den der Golfkrieg ausgelöst hatte, war gerade vorüber, als die Nachrichten vom Krieg in Jugoslawien immer bedrängender wurden. Im Kulturzentrum »Prediger« in Schwäbisch Gmünd war das Anlaß für ein Gespräch mit anschließender Diskussion. In beiden Veranstaltungen kam es zu hitzigsten Streitigkeiten; sie entgleisten. Die Erkenntnis, daß Serben, Kroaten, Christen und Muslime nur unter neutraler Moderation miteinander reden können, brachte unseren Friedensarbeiter auf den Gedanken, in den Räumen des Internationalen Vereins Gmünd Gesprächsrunden anzubieten. Beim ersten Treffen war ich dabei, und mich beeindruckte die Denkweise von R., einer Serbin. Ich habe gebeten, sie besuchen zu dürfen, um mehr von ihr zu erfahren.

R. wurde 1947 im Norden von Belgrad geboren, sie ist seit 1975 mit M. verheiratet, einem Serben, der aus der Nähe von Vukovar im heutigen Kroatien stammt. Sie selbst lebt seit 1968 in der Bundesrepublik und arbeitet mit ihrem Mann in Wechselschicht als Monteurin in der Zahnradfabrik in Gmünd. Ihre drei Töchter sind zweiundzwanzig, vierzehn und dreizehn Jahre alt. Während die Älteste studiert, gehen die beiden Jüngeren noch zur Schule, auf die Hauptschule und ins Gymnasium. Sie sprechen selbstverständlich Deutsch und Serbokroatisch. R. ist eine typische Vertreterin der Nachkriegsgeneration. »Wir lernten vor allem Titos Partisanengeschichte. Ich habe Tito geliebt wie einen Gott. Ich war Pionier und voller sozialistischer Ideale. Ich wußte nichts von Serben, Kroaten, Christen oder Muslimen, ich fühlte mich als Jugoslawin. Jetzt fühle ich mich von Tito betrogen.«

39

Erst im nachhinein deutet sie das Zustandekommen der nationalistischen Auseinandersetzungen auch historisch. Die großangelegte Wahlkampagne für Tudzman habe offen den Nationalismus geschürt. Die neue kroatische Verfassung habe die Serben zu Bürgern zweiter Klasse gemacht. Da hätten Spannungen nicht ausbleiben können. Ihre beste Freundin, eine kroatische Lehrerin, sei finanziell zwar nach der Staatsgründung viel besser als früher gestellt gewesen – Tudzman hatte die Lehrergehälter verdreifacht –, aber sie sei vom Dorf weg nach Zagreb gezogen, weil sie sich in der Großstadt sicherer fühlte. R.s dreiundachtzigjährige Schwiegermutter jedoch wolle in ihrem Dorf mit einer serbisch-orthodoxen Kirche wohnen bleiben, obwohl sie selbst gläubige Katholikin sei. Sie könne sich keinen anderen Wohnort vorstellen ... In erster Ehe war sie mit einem Kroaten verheiratet. Der Sohn aber sei mit einer Serbin verheiratet und gehöre der serbisch-demokratischen Partei an.

Kroaten aus Restjugoslawien hätten in Belgrad ein Anwaltsbüro aufgemacht, um einen Wohnungstausch zu ermöglichen: Serben aus kroatischen Dörfern sollten mit Kroaten in serbischen Dörfern tauschen. Tatsächlich könnten aber nur die Kroaten sich das Tauschobjekt vorher ansehen. Die Serben müßten nehmen, was ihnen angeboten werde. Der Vater einer Bekannten habe sich deswegen erhängt.

Silvester 1991/92 sei ihre älteste Tochter für eine Woche nach Belgrad gereist, um an einer Friedensdemonstration teilzunehmen. Sie sei enttäuscht gewesen, daß nur eine kleine Zahl von Menschen und nicht die erhofften Zweihunderttausend zu demonstrieren gewagt hätten. Gespräche, die sie mit Friedensärzten geführt habe, seien erschütternd gewesen. In Vukovar hätten von vier-

zigtausend Menschen nur noch fünfundzwanzigtausend gelebt. Wie Ratten seien sie in ihren zerbombten Häusern gesessen ...
R. sagt, sie habe sich nur widerwillig als Serbin zu begreifen gelernt. Die nationale Identität sei ihr beinahe von außen aufgedrängt worden.

An ihrem Arbeitsplatz in der Montagehalle sei sie von Kroaten, Muslimen und deutschen Kollegen angegriffen und beschimpft worden: »Euch Serben sollte man erschießen ... eure Kinder von Ohr zu Ohr schneiden ... ihr solltet eure Därme selber fressen ...« Der letzte Ausspruch sei die Folge der von der Presse verbreiteten Greuelgeschichten über die Serben.

R. beteuert, die Serben in Schwäbisch Gmünd seien ruhig, angesichts der Verleumdungen und Haßtiraden eher ängstlich gewesen. Sie hätten sich erst gewehrt, als Anfang 1992 die Muslime den Verein »Nikola Tesla« in ihre Hand gebracht hätten. Und so seien überall Vereine aufgelöst oder zerstört worden. Freundschaften seien auseinandergegangen, verwandtschaftliche Beziehungen würden aufgekündigt, selbst Ehen seien an den nationalen Konflikten zerbrochen ...
Als Elternbeiratsvorsitzende an der jugoslawischen Schule habe sie sich sehr engagiert, als aber mit Tudzmans Amtsantritt schon im Herbst 1990 an der Schule rein kroatische Klassen eingerichtet worden seien, habe sie enttäuscht aufgegeben. In der Bundesrepublik hätten zwar schon seit vielen Jahren kroatische Missionen bestanden, aber das dürfe doch kein Grund für einseitige nationale Maßnahmen sein. »Die Kroaten werden sehen, daß sie mit Tudzmans Politik mehr verlieren als gewinnen«, prophezeit R. Sie hofft, es werde zu einer Föderation aller bisherigen Ethnien kommen. Sie möchte

nicht in einem »ethnisch gesäuberten« Land leben, findet gerade den Austausch von Liedern, Sprachen, Speisen interessant. Sie spricht auch ungarisch und liebt ihre Freundinnen unterschiedlicher Herkunft. Sie charakterisiert alle Balkanesen als temperamentvoll, ungezügelt, oft verbohrt. Die Leute aus dem Gebirge, ob Serben oder Kroaten, seien radikaler als die in der Ebene, die Männer unversöhnlicher als die Frauen. Zwar gebe es auch radikale Serbinnen. Aber letztlich gäben Frauen einander im Gespräch eher als Männer zu, daß zum friedlichen Miteinanderleben keine Alternative bestehe. »Das Wichtigste ist es, Mensch zu sein; ich bin Mutter, bin Pazifistin, bin Frau. Ich will meinen Mann nicht in einem häßlichen Kampf verlieren. Anderen gegenüber nehme ich Serben in Schutz, Serben gegenüber kritisiere ich. Jeder sollte mit Kritik bei sich selbst anfangen ...« Seit einiger Zeit habe sie Kontakt zur serbisch-orthodoxen Kirche in Göppingen. Die Kirche sei der einzige Ort, wo sie sich ohne Streitereien mit ihren Landsleuten treffen könne. Sie habe eine eigene Organisation zur Unterstützung serbischer Flüchtlinge gegründet. Aber auch zu Kroaten und Muslimen gebe es manchmal Kontakt. »Eigentlich bin ich ein fröhlicher Mensch, aber Haß und Nichtachtung zerstören mich.«

Renate Setzen

Der Leuchter

An einem Juninachmittag saßen wir in fröhlicher Runde an einem Kaffeetisch im Garten, nie ist die Natur freundlicher als in diesem Licht des Frühsommers. Mehrere Lehrer der Sonderschule waren hier, auch die Direktorin, die sich stets selbstlos dafür einsetzte, geistig behinderte Kinder soweit wie irgend möglich zu fördern, wenn es aussichtsreich war, sogar bis ins Erwachsenenalter.

Sie war eine lebhafte und vielseitig interessierte Frau, ließ sich von uns über neuere Literatur informieren, besuchte auch Theateraufführungen von umstrittenen Stücken, und wenn sie reiste, brachte sie Souvenirs nach Hause, die für sie auch eine persönliche Bedeutung erkennen ließen.

»Ich habe mir jetzt endlich so einen siebenarmigen Leuchter gekauft, eine Menora, danach war ich schon immer auf der Suche.«

»Das ist ein interessanter Gegenstand, wissen Sie, daß oft nur sechs Lichter angezündet werden und das siebente erst bei der Ankunft des Messias?«

»Ach nein, aber mein Problem ist, daß ich noch keine passenden Kerzen bekommen konnte. Das ist eine besondere Größe, die habe ich noch nirgends gesehen.«

»Wenn Sie einmal dienstlich in Berlin sind, sollten Sie da bei der Oranienburger-/Tucholskystraße hineingehen. Da kommen Sie zu einem jüdischen Geschäft, das heißt Kolbo. Dort gibt es alles, was zum orthodoxen jüdischen Leben gehört: ungesäuerte Brote, Wein vom Karmel, aber auch Gebetsschals und eben die genau passenden Kerzen für so einen siebenarmigen Leuchter.«

»Ich meine, ich habe eine Menora, so einen Leuchter,

43

wie er im Würzburger Dom steht. Mit Juden haben wir doch noch nie etwas zu tun gehabt. Nein, wirklich nicht!«

Eva-Maria Taut

Überall Grenzen – über alle Grenzen

Wie lernt eine, die über viele Grenzen gegangen ist, mit Begrenzungen leben? Begrenzungen im sozialen rechtlichen und individuellen Bereich. Es sind Grenzen, die Menschen gesetzt haben, Grenzen, die den Menschen das Leben erschweren und manchmal sogar unmöglich machen. Als eine, die tagtäglich in ihre Grenzen verwiesen wird, als eine Migrantin, weiß ich, wovon ich rede. »Denk' ich an Deutschland in der Nacht« – da muß ich an all die Begrenzungen denken, denen ich und viele Ausländerinnen in Deutschland ausgesetzt sind. Es sind vor allem die Grenzen in den Köpfen, die nicht zulassen, anderen Menschen ohne Vorurteile zu begegnen, ihnen auch einen Lebensraum zu lassen und sie in ihrer Verschiedenheit zu respektieren.

Adorno bezeichnet in »Minima Moralia« eine Gesellschaft als demokratisch, in der Menschen ihre Unterschiede leben können, ohne Angst zu haben. Heute, in einer Zeit, in der Menschen angezündet werden, weil sie sich in ihrem Lebensstil und ihrem Äußeren von der Mehrheit unterscheiden, oder wenn sich eine ganze Gesellschaft aufregt, weil türkische Mädchen in der Schule mit Kopftuch auftauchen, wenn die Meinung laut wird, das gehe an die deutsche Identität, muß ich an diesen Satz von Adorno denken.

Das rassistische Gerede von »Überfremdung« hat seine Wurzel in einer Vorstellung, nach der es ein Eigenes gibt, das als Maßstab gilt, und ein Fremdes, das minderwertig und verächtlich ist, das ausgegrenzt werden muß. Aber Fremdheit kann man nicht zum Verschwinden bringen. Es gibt ja auch innerkulturelle Fremdheitserfahrungen. Was gelernt werden muß, ist der Umgang mit dem Fremden im eigenen Haus. Und wie wir mit den Fremden umgehen, gibt auch Aufschluß darüber, wie und ob wir mit uns selbst zurechtkommen ...

Ich möchte schildern, wie ich die Grenzsetzungen im alltäglichen und beruflichen Kontext erfahre: Ich bin schon seit mehr als zwanzig Jahren in Deutschland, seit elf Jahren mit einem Deutschen verheiratet und habe eine »deutsche« Tochter. Ich kämpfte bis vor kurzem um die deutsche Staatsangehörigkeit, die ich erst, nachdem ich meine iranische aufgegeben hatte, bekommen habe.
Ausgrenzenden, fremdenfeindlichen verbalen Angriffen bin ich fast tagtäglich ausgeliefert. Es sind Angriffe beim Einkaufen, im Bus und in den Bahnen. Nur einige Beispiele aus meinem Alltag: Ich trug meine in der Straßenbahn eingeschlafene kleine Tochter im Arm und konnte an der Haltestelle nicht den Ausstiegsknopf drükken. Neben mir stand eine jüngere Frau, die auch aussteigen wollte. Ich bat sie, auf den Knopf zu drücken. Daraufhin sagte sie zu mir, selbst wenn sie noch eine Station weiterfahren müßte, würde sie für so eine wie mich den Türknopf nicht drücken. Ich war entsetzt und mußte meine Tochter aus dem Schlaf wecken, um die Hand frei zu bekommen. Danach stieg ich mit meiner kleinen Tochter an der Haltestelle mit zwei älteren Frauen in den Bus um. Die eine sagte: »Wie süß, die Kleine«, woraufhin die andere ihr zuflüsterte: »Ach was! Wenn sie größer werden, dann pressen sie uns alles weg.«

Ein anderes Beispiel: Ich stelle mich an der Käsetheke an, um Käse zu kaufen. Hinter mir stellen sich noch zwei weitere Menschen an. Eine ältere Frau kommt und will sich vor mir hinstellen und beschimpft mich: »Hier ist Deutschland, hier gibt es Ordnung, und Sie müssen

sich ordentlich anstellen! Oder verschwinden Sie dort-
hin, wo Sie herkommen.« Ich war sprachlos und zitterte am ganzen Körper und sagte nur, daß ich mich schon ordnungsgemäß ange-stellt hätte. Was für mich am schlimmsten war: kein an-derer der Anstehenden mischte sich ein, obschon die Ungerechtigkeit so offensichtlich war. Beschimpfungen wie »Zigeunerpack, hau ab!« oder »Ausländer sein und dazu auch noch frech!« sind an der Tagesordnung. Solche Erfahrungen sind es, die wie Steine auf meiner Seele liegen und mir die Luft zum At-men nehmen.

Die Ausgrenzungen hören aber nicht im Alltäglichen auf, sondern setzen sich im Beruf und im Zusammen-hang von Konkurrenz weiter fort. Ich erinnere mich daran, daß ich vor Jahren als Soziologin in der Volks-hochschule einen Kurs aus dem soziologischen Themen-bereich anbieten wollte. Ich wurde mit dem Hinweis, man habe da keinen Bedarf, und der Frage, ob ich nicht eine Einführung in die persische Küche anbieten könne, abgewiesen. Ein Geschichtsprofessor ging in seinen Äu-ßerungen weiter: »Was will die Frau aus dem Orient mit dem Studium der deutschen Geschichte!«
Die Beziehungen unter Frauen sind auch nicht frei von rivalisierendem Verhalten und Konkurrenz. Auslände-rinnen, so hochqualifiziert sie auch sein mögen, werden nicht gemäß den erworbenen Kompetenzen und Qualifi-kationen eingesetzt. Sie werden eher paternalistisch mit Ratschlägen, wie man es besser machen könnte, beiseite geschoben und ausgegrenzt.
Ich habe den Eindruck, daß die Leute hier sich selbst eingrenzen.

Farideh Akashe-Böhme

47

Bauern-Los

Der fünfjährige Sebastian aus der Stadt besuchte seine gleichaltrige Kusine Cornelia im Dorf. Am Abend liefen sie zum Milchholen. In der Stalltür weiteten sich Sebastians Augen, dann weitete sich sein Mund: »Waa—as? da kommt die Milch raus?«

Ja, noch kommt sie von den Kühen im Stall, aber bald nicht mehr aus diesem. Die Nebenerwerbslandwirtschaft wird immer schwieriger. Cornelia ist sieben Jahre alt, als wir eine neue Milchquelle suchen müssen.

Irgendwann einmal in den achtziger Jahren lasen wir in der Zeitung von einer Milchquotenregelung. Wir vergaßen das schnell wieder. Die Milch floß wie eh und je nach Bedarf für uns. Ja – für uns!

Eines Spätwinterabends war der Milchtisch völlig verändert. Fünf-Liter-Eimer standen da voll köstlicher Rahm-Sauermilch, Schüsseln mit Quark, ja sogar selbstgemachte Butter gab es in Hülle und Fülle. »Nehmet's mit, nehmet's mit, ich kann es nicht mehr sehen«, war Frau Bauers verzweifelt-ermunternder Ruf. Wir nahmen mit Freude – verwundert. Wer etwas dafür gab, hatte es billig, wer nichts gab, noch billiger. Anderthalb Monate sollte dieser Segen dauern; welch schmackhafte Aussichten für uns. Welch schreckliche Aussichten, wieviel Arbeit für Frau Bauer. Aber warum nur?

Natürlich hatten sie es gewußt: seit mit Beginn der Quotenregelung ihre Milchmenge bestimmt worden war, durften sie jährlich nur noch die festgesetzte Literzahl – eins Komma sechs Prozent – zum Milchauto bringen. Das wurde großzügig gehandhabt, bis Bauers 1992 auf ihre routinemäßige Nachfrage am Milchauto mit ungewohnter Genauigkeit eröffnet wurde, daß sie bereits dabei seien, für jeden abgelieferten Liter Milch Strafe zu zahlen, und das schon länger als sechs Wochen! Wohin nur mit dem kostbaren Überfluß? Die Säue schienen bereits die Nase voll davon zu haben.

Ob vielleicht jede von uns »Profitiermüttern« Nachbarinnen hatte, die noch nicht wußten, daß es im Dorf die beste Milch gibt? Und das Feriendorf? Setzte das etwa auf H- oder U-Milch? Eine rege Mund-zu-Mund-Propaganda setzte ein. Mit Erfolg. Die Zeit war herb. Aber die Käuferinnen sind geblieben. Sie nehmen auch gern Eier mit; im Frühjahr wächst viel zuviel Rhabarber im Garten, später sind es Bohnen, Zucchinis, Salat, die getauscht, gekauft oder verschenkt werden. Den Abfall bringen wir zurück, für die Tiere. Aber wie lange noch? Solche Maßnahmen allein werden die Landwirtschaft nicht retten. Von fünfzehn Nebenerwerbslandwirten haben in dreizehn Jahren zehn aufgegeben, von zehn Volllandwirten fünf.

»Wir wären gerne richtige Bauern, die alles anpflanzen können, was der Witterung und dem Boden entspricht. Denen heute nicht gesagt wird: Ihr müßt den Dünger nehmen – und morgen: Ihr seid schuld an der Wasserverschmutzung und an dem Durchfall der Leute. Gern hätten wir auch einmal Ferien oder wenigstens zwei Tage frei. Aber wer geht morgens und abends drei Stunden für uns in den Stall? Wer bezahlt unsere Arbeit? Überall steigen die Löhne. Dagegen fallen die Preise für bäuerliche Produkte wie Getreide, Eier, Milch laufend. Früher war die Milchwirtschaft das ergiebigste. Aber heute? Von all dem können wir gerade leben, das heißt essen. Schon bei den Kleidern würde es schwierig. Wir müssen von Subventionen leben.«

Frau Bauer sitzt neben mir. Zwischen uns ein dicker Aktenordner über die Milch. Wir haben rote Köpfe. Was begreifen wir aus diesem Gewirr von Zahlen, Punkten,

Pfennigbeträgen, Abkürzungen? Zum Beispiel, daß bis Anfang der neunziger Jahre das Fett es war, das 1991 noch mit drei Komma sieben bis vier Komma drei Prozent den Ausschlag für den bis dahin höchsten Milchpreis der Klasse 1 oder S gab. Heute bestimmt das Eiweiß die zahlbare Milchqualität. So fett wie früher soll die Milch also nicht mehr sein. Da läßt sich mit dem Futter schon etwas machen. Schwieriger wird es bei den Minuspunkten: fünfmal pro Monat prüft der Milchautofahrer den Milchgehalt.

Dabei ist die Zahl der erlaubten Keime von dreihunderttausend im Jahr 1989 auf hunderttausend seit 1993 geschrumpft. Was darüber geht, gibt Minuspunkte, das heißt pro Liter einen Abzug von zwei Pfennigen.

Aber wie soll man die keim-trächtige Kuh ausmachen?

»Und wenn vollends die hygienisch einwandfreie Milchküche zur Pflicht wird – und das wird kommen –, dann können wir aufgeben«, seufzt Frau Bauer. »Und nicht nur wir. – Aber überlegen Sie mal: Was soll aus einem Land werden, das keine Bauern mehr hat?«

Hella Bader-Bergengruen

Die ganze Last der Verantwortung

Die Gemeinde ist ganz auf den Pfarrer zentriert: Er bestimmt über den liturgischen Ablauf des Gottesdienstes, den Altarschmuck, die Adressaten der Kollekte. Er entscheidet darüber, wie viele und welche Mitarbeiter eingestellt werden. Er trägt die Last der Verantwortung – gewiß zusammen mit dem Kirchengemeinderat, aber im Grunde allein, der Arme! Lieber Gott, man muß für ihn beten! Überall hat er oder überläßt man ihm das erste, das entscheidende Wort. Frauen, Jugendliche haben sowieso nicht mitzureden, wenn »der Herr Pfarrer« über Gemeindebelange befindet ...

So war das jedenfalls früher, und wie zu hören ist, soll es so etwas auch heute noch am Ende der Welt geben. Aber bei uns? In der Bundesrepublik? Na ja, die Kirche ist natürlich kein politisches Gemeinwesen, das sich mit demokratischen Methoden regieren ließe.

Die Unterordnung unter Gott ist für alle vorgegeben. Das liegt auf einer anderen Ebene – aber die unter seine »Stellvertreter«? Die peinliche Geschichte, daß Gott selbst durch Jesus Partei für die Jungen gegenüber den Erwachsenen ergriffen hat (Markus 10, 13ff), ist natürlich schon vor langer Zeit passiert. Die Erwachsenen haben sich seither redlich bemüht, das Gleichgewicht wieder herzustellen.

In unserer Gemeinde sind sie mit dieser Arbeit offenbar immer noch beschäftigt: Es ging um das Jugendheim, ein Haus in zweigeschossiger Eigenheimform mit Spitzdach, Baujahr 1953, das seit einigen Jahren Schäden aufwies. Diese Schäden wurden begutachtet, für behebbar, das Haus nicht für abbruchreif, sondern für dauerhaft sanierungsfähig erklärt – Kosten ohne Neuverputz ca. hunderttausend DM.

Im Heim trafen sich regelmäßig die verschiedenen Jugendgruppen der Gemeinde. Die Jugendlichen hätten zwar durchaus Verbesserungsvorschläge zu machen gehabt, waren aber im wesentlichen mit der zusammengesuchten Einrichtung zufrieden und schätzten vor allem die Möglichkeit, auch auf dem Hof und auf der Pfarrwiese spielen zu können. Das freilich störte die Anlieger. Die Mehrheit des Kirchengemeinderats hielt in derselben Zeit den Bau eines achtzig Quadratmeter großen Gemeindesaals mit Nebenräumen in Kirchennähe für nötig. Fraglich war allerdings, wie man das bewerkstelligen könne, da ein Gutachten der Kirchenleitung für die Gemeinde schon zuviel an vorhandenem Raum festgestellt hatte. Folgende Lösung schien sich geradezu anzubieten: die Verminderung von Gemeinderaum, sprich: Abriß des Jugendheims. Man vertröstete die Jugendlichen von einem Mal auf das andere.

Da der Kirchengemeinderat geheim verhandeln wollte, konnte die Öffentlichkeit nicht aktiviert werden. Zwar hatte, wie später herauskam, ein jugendliches Mitglied im Blick auf den Tagesordnungspunkt »Bauvorhaben« Öffentlichkeit beantragt. Der Antrag war jedoch abgelehnt worden. Statt dessen wurden Interessierte zu einem Gedankenaustausch über das Projekt »Gemeindezentrum« in den alten Gemeindesaal eingeladen. Im Einladungsschreiben wurde freilich verschwiegen, daß der Kostenvoranschlag für das geplante Projekt mit ca. eins Komma eins Millionen DM angesetzt war.

Die Mehrheit der Anwesenden äußerte bei dem Meinungsaustausch die Ansicht, man solle die Jugend, wenn ihr Heim schon abgerissen werden müsse, beim Neubau angemessen berücksichtigen, sie aber nicht in die Kellerräume des dafür eigens umzubauenden Kindergar-

tens verbannen, wo ihnen keine Wiese mehr zum Fuß-
ballspielen zur Verfügung stehen würde. Es zeigte sich, daß die Veranstaltung offenbar nur ein-
berufen worden war, um die äußere Form zu wahren.
Der Kirchengemeinderat erklärte die dort vorgetrage-
nen Gedanken und die Abstimmung für nicht repräsen-
tativ und ohne Bindung für die eigene Auffassung. Man
entschied sich für das Neubauprojekt und für die Unter-
bringung der Jugendgruppen in den Kellerräumen des
Kindergartens. Dafür waren nochmals hundertdreißig-
tausend DM veranschlagt worden. Wie gut für den Kirchengemeinderat, daß gerade die großen Ferien nahten!
Im September wurde, ohne, daß die Jugendlichen noch
einmal angehört worden wären, mit dem Umbau des
Kindergartens begonnen.

Mit diesem Verhalten verloren die Erwachsenen in den
Augen der Jugendlichen jeglichen Kredit. Wieviel Zeit
hatten sie selbst aufgewendet, um Geldbeträge für Pro-
jekte in der »Dritten Welt« zusammenzubringen. Und
hier wurde das Geld einfach zum Fenster hinausgewor-
fen. Nein, sie wollten nicht in den Keller! Aber am
schlimmsten wog, wie die Erwachsenen ihre Meinung
durchgesetzt hatten.
Die Jungen verspürten nicht die geringste Lust, im dar-
auffolgenden Sommer beim Gemeindefest dabei zu sein,
auf dem die Jugendräume im Kindergarten eingeweiht
wurden. Was kümmerte es sie, dafür als »undankbar«
gescholten zu werden.
Die Last der Verantwortung? – nein danke!
Ja, man muß beten ...

I.K.S.
nach einem Bericht von Renate Setzen

Wenn jemand deinen Rock will

Die Geschichte von Frau Z. ist so unglaublich, daß ich sie nur mit Zögern wiedergebe. Es ist eine ganze Reihe von Unglücksfällen, in die sie hineinverwickelt worden ist. Im Grunde hat sie selbst auch noch ihr eigenes Fegefeuer geschürt, mit dem besten Willen und einem unerschütterlichen Glauben. Die eigentliche Tragödie ist, daß gerade dies ihr zum Verhängnis geworden ist!

Sie war zur Zeit dieser Ereignisse schon über siebzig und Witwe seit ungefähr fünfzehn Jahren und hatte einen guten Kontakt zu ihren Familienangehörigen. Sie lebte mit ihrem unverheirateten Sohn in einer Sozialwohnung, neben der Wohnung ihrer alleinstehenden vierzigjährigen Tochter und deren drei Töchtern.

Das erste, was über Frau Z. hereinbrach, war die Geisteskrankheit dieser Tochter. Sie kam innerhalb mehrerer Wochen zum Vorschein und verschlimmerte sich derart, daß sie in eine Anstalt gebracht wurde. Fortan meldeten sich die Verwandten nicht mehr bei Frau Z.

Nun mußte sie für ihre Enkelinnen aufkommen. Der Vater der beiden Älteren wollte nichts für seine Töchter bezahlen, lud sie aber von Zeit zu Zeit ein. Die Älteste war schon zwanzig und arbeitete. Sie erklärte sich bereit, in der Wohnung der Mutter mit der Schwester zu bleiben. Die Kleinste (Vater unbekannt), die erst zehn war, zog zu der Großmutter. Das Geld der Tochter wurde von der Anstalt verwaltet, die Mädchen standen unter Vormundschaft, und ihre Großmutter konnte nicht über das Kindergeld verfügen. Daher hatte sie nur die Rente ihres Mannes und gelegentlich den Lohn ihres Sohnes, der aber in regelmäßigen Abständen immer wieder arbeitslos war.

Nicht lange danach meldete sich der Freund des Sohnes, der seine Miete nicht bezahlen konnte und aus seiner Wohnung ziehen mußte. Da er eine Arbeit hatte, würde er schnell etwas finden, erklärte er Frau Z., er brauche nur etwas Geld und eine Unterkunft für eine Woche. Er blieb zwei Jahre ... ohne Arbeit, mit Hund, ohne auch nur irgend etwas zu bezahlen.

Frau Z. brachte es einfach nicht übers Herz, die Polizei zu holen, um jemanden, der ja noch ärmer schien als sie, vor die Tür zu setzen. Sie las die Bibel wortwörtlich: »Wenn jemand deinen Rock will, dem gib auch deinen Mantel.« (Matthäus 5,40)

Nach zwei Jahren wurde ihr Gast aber doch von der Polizei vor die Tür gesetzt, und zwar nach einer Rauferei mit dem Sohn, bei der beide sich im Alkoholrausch fast umgebracht hätten.

Das nächste Unglück stand schon vor der Tür, diesmal in Gestalt einer jungen Frau, in die sich der Sohn unsterblich verliebt hatte. Sie war dabei, ihre Wohnung zu verlieren, weil sie schon monatelang keine Miete mehr bezahlt und obendrein eine Menge persönlicher Schulden gemacht hatte.

Aus Liebe zu ihrem Sohn gab Frau Z. ihr die letzten Ersparnisse und löste die Aktien ein, die ihr Mann besessen hatte. Es handelte sich um eine riesige Summe, wobei die Frau versprach, daß diese in einigen Monaten von verschiedenen sozialen Behörden zurückerstattet würde. Jede Warnung stieß bei Frau Z. auf heftigen Widerstand. Die Papiere seien doch unterschrieben und die Frau eine anständige Person mit sicherem Einkommen, und sowieso würde der Herr die Seinen erkennen und sie nicht im Stich lassen.

Leider hat der Herr die Situation doch nicht gerettet, und die Hochstaplerin führt die Gläubige noch immer an der Nase herum und läßt sie Monat für Monat weiter um ihr Geld bangen.

Elisabeth Parmentier

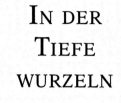

IN DER TIEFE
WURZELN

Schwestern!

Ich möchte es wagen, Euch eine sehr unbequeme Frage
zu stellen: Wie weit können wir Frauen einander trauen?
Ich stelle die Frage schriftlich, denn ich höre Euch
schon entrüstet rufen, daß auf Frauen hundertprozentig
Verlaß sei, und daß sie zusammenhalten sollten auf Bie-
gen und Brechen ... In der Tat funktioniert die Verschwisterung prima, solange wir uns als Leidensgenossinnen zu unterstützen
haben. Frauen können wirklich zuhören, mitfühlend
und herzlich Anteil nehmen am Leben anderer und gute
Ratschläge erteilen, solange Leiden im Mittelpunkt
steht: Frustrationen im Beruf, Ärger in der Partner-
schaft, Sorgen mit den Kindern (oder wegen Kinderlo-
sigkeit), unerfüllte Sehnsüchte werden untersucht und
diskutiert. Aber was passiert, wenn einige es besser haben oder sich in ihrer Haut wohler fühlen als die anderen? Ich werde den Eindruck nicht los, daß es zwischen
uns nur selten zu einem richtigen, kritischen Austausch
kommt, weil immerzu nur der Vergleich im Hinter-
grund steht: Wie wird die andere mit ihrer Lage fertig?
Hat sie es besser als ich? Oder, schlimmer noch: Macht
sie es besser als ich?
Und ich habe mich mehrmals dabei ertappt, glauben
versichern zu müssen, daß ich selbst nicht besser, nicht
talentierter, nicht glücklicher oder beneidenswerter bin
als meine Mitschwestern ... nur um nicht aufzufallen,
um ihre Anerkennung nicht zu verlieren.
Neulich habe ich diese Spielregeln vergessen und einer
Freundin erzählt, mit welcher Freude ich meinen Beruf
ausübe (ich bin Dozentin für Praktische Theologie und
in der ökumenischen Arbeit tätig, wobei ich überwiegend mit Männern zu tun habe). Sie fragte sehr er-

staunt, ob ich denn keine Schwierigkeiten mit meinen männlichen Kollegen hätte, wobei ich zugeben mußte, daß ich Probleme eher mit Frauen hätte! Ich erwartete Belustigung, sie reagierte spontan und heftig: »Du hast ja sowieso deine Familie deiner Karriere geopfert!« Was ich so verstand: Du bist schon gar keine richtige Frau mehr, ich hingegen leide an meinen unerfüllten beruflichen Perspektiven, bin aber die bessere Ehefrau und Mutter.

Damit falle ich aus dem Rahmen der Leidensgenossinnen und bin bereits eine Verräterin an der eigenen Sache, an der Schwesterlichkeit. Ich empfinde zuweilen den Wunsch, eine Verschwisterung zu erzielen, wie einen Zwang, einem gewissen Bild von »Schwester« zu entsprechen. Ich fühle mich dabei immer unwohler und glaube nicht, daß das Bild der liebevollen, rücksichtsvollen Schwester für Frauen erstrebenswert ist, auch wenn es die Gemüter beruhigt. Was mich besonders irritiert, ist die ideale Vision, die wir von uns selbst haben: Frauen sind verständnisvoll, hilfsbereit, nicht aggressiv, kompromißbereit usw. Sind wir in Wirklichkeit nicht auch zuweilen wütend, schadenfroh, neidisch, kleinlich?

Sind wir nicht enttäuschter voneinander, als wir es zugeben? Und wir können es uns nicht einmal ohne Schuldgefühle sagen!

Neulich kam wieder eine Anfrage an mich, ob ich bei einer großen Veranstaltung die Predigt im Schlußgottesdienst halten wolle. Ich mache mir dabei keine großen Illusionen: Man fragt mich, weil eine jüngere Frau dafür gebraucht wird, und weil man weiß, daß ich bereits Erfahrung darin habe. Ich mache es übrigens sehr gern und gebe zu, daß die Macht des Wortes mich fasziniert.

Ja, liebe Schwestern, auch Frauen mögen Macht, ich gebe es zu. Auch aus einem zweiten Grund nehme ich solche Angebote an: Ich denke, wir Frauen können es uns heute nicht leisten, aus falscher Demut oder Angst solche Möglichkeiten zu verpassen – und andererseits jammern, daß wir in der Kirche nichts zu sagen haben. Aber zugleich höre ich Euch, liebe Schwestern, hinter meinem Rücken klagen, es kämen immer nur dieselben Frauen ans Wort. Und Ihr habt recht! So habe ich abgelehnt, damit die Einladung an eine andere Kollegin weitergeleitet werde. Aber wie soll ich Euch verstehen? Vier von Euch haben abgelehnt, davon drei, weil sie aus persönlichen oder anderen Gründen solch eine Predigt in öffentlichem Rahmen nicht halten wollten! So kam die Anfrage wieder an mich zurück, und wieder einmal werde ich im Feuer der Kritik stehen, während Ihr Euch raushaltet. Zugleich werdet Ihr wütend auf mich sein. Denn stimmt es nicht, daß Frauen sich meistens bedroht fühlen und das Voranschreiten einer anderen Frau als persönliche Zurücksetzung sehen, etwa nach dem Motto: wenn schon nicht gleichberechtigt, dann sollte das zumindest für alle Frauen gelten? Ich habe aber keine Chance, das mit Euch offen auszusprechen, Ihr gebt Euch keine Blöße mit offenen Konkurrenzdebatten, Kritik oder Konflikten (und schon gar nicht, wenn man in der Kirche tätig ist!). Und, ehrlich gesagt, ich meide sie auch, weil ich Angst habe vor Eurer Reaktion. Noch haben wir nicht gelernt, miteinander ehrlich zu sein. Ich bin immer wieder erstaunt, wie konventionell Frauen in ihrem Rollendenken geblieben sind, auch wenn sie noch so rebellisch erscheinen. Ist unsere Erziehung daran schuld, die uns eingeflößt hat, wir sollten brav und anständig sein und niemandem weh tun, wir sollten das Macht- und Konkurrenzdenken den Männern überlassen? Wenn wir es aber mit der Gleichberechtigung ernst nehmen, müssen wir uns auch dafür einsetzen, auf das Risiko hin, daß das ideale Bild, das wir von uns selbst haben, angekratzt wird. Solange wir zwischen Selbstabwertung und Selbstidealisierung schwanken, können wir die Leistungen anderer Frauen weder anerkennen noch fördern.

Versteht mich nicht falsch; wenn ich unsere Schattenseiten entlarve, so möchte ich uns helfen einzusehen, daß wir auch nur Menschen sind und deshalb auch unter Frauen menschlicher sein dürften. Schwesterlichkeit ist alles andere als eine naturgegebene Kapazität. Wir Frauen brauchen Beziehungen anderer Qualität und anderer Offenheit als die, mit denen wir uns begnügen. Wir brauchen mehr Mut und Scharfsinn, um fähig zu werden, über uns selbst zu lachen, und die Gelassenheit, uns selbst ein bißchen vergessen zu können.

Wo sonst könnten wir es lernen als unter Schwestern?

Elisabeth Parmentier

Frauen: Tochter – Mutter – Schwester – Freundin
Brief einer Studentin

»... ich war so froh zu hören, daß Du angerufen hast. Aha, also doch ein Mensch, der Interesse an mir hat. Ich habe mich nicht gemeldet, weil mein Leben eine Zeitlang absolutes Chaos war. Und dann war ich sehr schwer krank und habe keinen Zugang gefunden, mich der Außenwelt mitzuteilen, auch weil ich hier tagelang mit sehr hohem Fieber im Bett lag und nicht in der Lage war, etwas zu tun. Noch nicht einmal, irgendeinem Menschen zu signalisieren, daß ich nicht mehr fähig bin, mein Leben zu organisieren.

Diese Erfahrung war heftig. Weniger durch meine Unfähigkeit aufgrund der Krankheit, eher durch die Erkenntnis, daß es niemanden in meiner Umgebung gibt, den/ die ich bitten könnte, wenigstens für mich einkaufen zu gehen. Diese Erfahrung schmerzt mich im Augenblick am meisten. Zu erfahren, daß ich wirklich allein bin. Ganz allein. Äußerlich und innerlich einsam.

Ich spüre, daß dies ein Prozeß ist, um endlich erwachsen zu werden, doch er schmerzt trotzdem. Vieles habe ich gelernt in der letzten Zeit. Das ist schön. Doch es reicht nicht, um hinter der Einsamkeit zu stehen ...

Vor vierzehn Tagen war ich seit zwei Jahren mal wieder bei meiner Mutter. Ich habe zum ersten Mal meine Mutter durchschaut. Ich habe mich wohl inzwischen so von ihr gelöst, daß ich ihre Art beobachten konnte, ohne mich betroffen oder einbezogen zu fühlen. Diese Erfahrung war phänomenal für mich.

Ich habe keine Sehnsüchte mehr in Bezug auf meine Mutter. All die Dinge, die ich haben wollte von ihr, die ich als Tochter nie bekam, Anerkennung, Loyalität,

Rückhalt und sogar Liebe, die ich mir so gewünscht habe ... jetzt habe ich diesen Wunsch nicht mehr. Da ich jetzt emotional unabhängig war, konnte ich meine Mutter als das sehen, was sie ist. Sie kann mir nichts geben. Sie ist nicht fähig zur Eigenverantwortung. Das klingt hart, doch es ist so. Sie hat die Verantwortung für ihr Leben nie selbst übernommen, sondern immer im Außen gesucht. Und ich tue dasselbe.

Meine Mutter war nie berechenbar. Was jetzt stimmte, war schon zehn Minuten später nicht mehr dasselbe. Ich konnte nie wissen, wie ich sein soll, um gemocht zu werden. Also entwickelte ich eine Anpassung an alle Situationen, um nicht so sehr verletzt zu werden. Und gleichzeitig bin ich so aufmüpfig, weil mein Bedürfnis nach Autonomie so groß ist ...

Eigentlich bin ich fähig, autonom zu leben. Alles, was ich empfinde und lebe, hat eine ungeheure Energie in sich. Ich kann sie nur nicht zentrieren ... ich verstreue diese ungeheure Energie um mich herum und mache vielen Menschen damit Angst. Zuerst bin ich sehr interessant, weil ich so kraftvoll und energiegeladen bin, und dann bekommen sie Angst vor mir.

Ich lebe gerade wie in einer Achterbahn, wobei die Traurigkeit im Moment sehr überwiegt. Die Sehnsucht nach einem Menschen, der mich als Bereicherung für sein Leben nicht nur kurzfristig – vier bis acht Wochen, dann werde ich wieder fallengelassen – sondern intensiver für längere Zeit empfindet ...

Ich weiß auch, daß die wirkliche Annahme meiner Einsamkeit zum Erwachsenwerden dazugehört, doch es tut trotzdem so weh ...

Dazu kommt meine Situation in dieser Wohngemeinschaft. Meine Mitbewohnerin kritisiert mich andauernd. Jeden Tag finde ich Zettel vor, an mich gerichtet, was sie an mir oder meiner Art zu leben nicht leiden kann. Das tut sie nur mir gegenüber, mit der anderen Mitbewohnerin versteht sie sich sehr gut.

Ich hatte mir bislang alle ihre Kriterien zu Herzen genommen und versucht, mich den beiden anzupassen und bin jetzt ganz stolz darauf, endlich mal zu sagen, daß ich keine Lust mehr habe, immer nur ›erzogen‹ zu werden. Ich möchte auch so akzeptiert werden wie ich bin ... Ich weiß, daß ich liebenswert bin. Doch ich brauche so sehr die Bestätigung von außen. Ich selbst habe so wenig Phantasie, mir selbst etwas Gutes zu tun ... Ach, was soll ich noch schreiben. Ich bin einfach traurig. In den Zeiten, in denen ich mich wohl fühle, mache ich mich von Menschen abhängig, die mich dann wieder fallenlassen. Mein inneres Ich schreit nach Unabhängigkeit. Dieses innere Ich weiß, was es wert ist. Doch es hat keine Grundlage. Die zu schaffen, bedeutet, noch viel Schmerzen zu leben. Dazu bin ich bereit, doch habe ich auch große Angst davor. Genauso wie ich Angst vor mir selbst habe, denn ich bin wie ein Vulkan, immer kurz vor dem Ausbruch ...

Dabei kann ich so froh sein über meine Kraft. Letzte Woche habe ich meine Schwester gesehen. Die Frau ist psychisch wirklich krank. Wenn meine Schwester keine Chance hat oder wahrnimmt, psychisch gesund zu werden, wird sie in nächster Zeit sterben. Allein schon durch die Magersucht. An der Frau ist nichts mehr dran. Ich denke, daß sie sich zu Tode hungern wird oder daß sie sich vorher umbringt. Sie hat das Leben schon aufgegeben.

Es tut mir nicht leid. Ich kann sie verstehen. Es tut weh, aber so ist es einfach. Unsere Geschichte in dieser Familie läßt sich nicht aufarbeiten, weil unsere Mutter so unberechenbar war.

Ich bin überzeugt davon, daß ich nur durch unsere Verbindung nicht auch psychopathisch geworden bin. Irgendwann hattest Du Dich für mich interessiert, und dies hat mich ›gerettet‹.

Ich habe keinen Glauben an einen Gott. Ich bin so verquer zu diesem Glauben erzogen worden, daß ich ihn irgendwann aus lauter Trotz ablegen mußte. Durch Dich und G. bekomme ich zu den göttlichen Kräften wieder einen Bezug.

Dir wünsche ich soviel Kraft, wie Du brauchst für Dein Leben.«

Reni

Im Backhaus

Montagmorgen, acht Uhr. Einige Frauen sind zum Backhaus gekommen. Die Backhausfrau mit Tafel und Kreide: Backlosen – wer darf wann – in welcher Reihenfolge?

»Ja, sind Sie auch hier?« fragt mich eine wieder hergezogene Dörflerin.

»Ich habe Sie schon allemal am Haus meiner Eltern vorbeilaufen sehen, aber ich habe immer gedacht, Sie kommen aus dem Feriendorf.«

»Hefe oder Sauerteig?«

»Mein Mann mag kein Roggenmehl.«

»Kartoffeln halten feucht.«

»Lieber kurzer Vorteig als zu kurzes Gehen nachher.«

»Schlagen ist wichtig«.

»Ich steh' auf Einnetzen, schon meine Oma hat eingenetzt«.

»Wer hat zuletzt gebacken?«

»Wie viele Büschele brauchen wir zum Einbrennen? Reichen vier oder fünf, oder müssen es acht sein?«

»Wie ist heute eure Hitze?«

»Gut, immer gut.«

»Probieren Sie mal, ob's puderet.«

»Das puderet, das Brot hat's!«

Es hat noch nie nicht gepuderet. Und ob hell oder dunkel, fladig, rund oder gar mit Knäustchen: »Grad so mag's mein Mann.« Mit dieser Feststellung einer Bäckerin stärken wir Frauen uns alle vierzehn Tage.

Eines Tages, als ich Eier hole, bricht es aus der Eierfrau heraus: »Setzen Sie sich doch. – Im Backhaus haben sie meinen Hans heruntergemacht, und seit einer Woche spricht er kein Wort mehr mit mir.«

»?«

»Im Dorf wird geschwätzt, er sei ein Nichtsnutz, Gammler, tue nichts, mit dem könne man nichts haben.«

»?«

»Der Paul kommt doch oft zum Hans; und der hat gesagt, seine Mutter habe gesagt – das solle er aber nicht weitersagen –, die Frau Kunz habe beim Backen gesagt, ihr Mann habe einmal zum Hans gesagt, er solle doch mit in den Wald kommen zum Holzmachen, und da habe der Hans gesagt: Das tue ich nicht. – Ja, und da hat die Frau Hinz zu ihrem Paul gesagt, im Backhaus hätten sie geschwätzt, und das wisse das ganze Dorf, was der Hans für einer sei!«

Hickhack.

Und die langen Haare und das Rauchen und die Röhrenhosen und die Lederjacke, das gefalle ihr ja auch nicht, aber sie könne nichts dagegen machen. »Aber jetzt schwätzt der Hans kein Wort mehr mit mir seit einer Woche, weil er sagt, ich halte nicht zu ihm, und er mache doch seine Lehre anständig und gewissenhaft, was wahrlich nicht alle tun, und sein ›Outfit‹ sei ja wohl seine Sache.«

Und kürzlich ist sie, die Eierfrau, an Frau Kunz vorbeigelaufen, die sich mit der Frau Meier unterhalten hat, und da hat sie gehört, wie Frau Meier zu Frau Kunz sagte: »Ja, gebt ihr euch denn keinen Gruß mehr?«

»Ja«, sagt die Eierfrau, »ist denn die Frau Kunz so stolz geworden, weil ihre Kinder schließlich doch noch alle etwas geworden sind, daß sie auf mir so herumhacken darf, weil meine Kinder noch in der Krise stecken?«

Hickhack.

Während der Rede versuche ich mich zu besinnen. Als Dritte im Bunde müßte ich im Backhaus mit von der Partie gewesen sein. Da war doch nichts. Oder? Doch: Frau Hinz hatte erwähnt, ihr Paul gehe so gern zum

Hans, das gefalle ihr nicht. Daraufhin hatte Frau Kunz die Waldbemerkung gemacht. An mehr vermag ich mich beim besten Willen nicht zu erinnern. »Böses Geschwätz wäre mir doch wohl erinnerlich geblieben«, sage ich, kann aber die Eierfrau nur wenig damit trösten.

Zwei Wochen danach kommt Frau Kunz mit Blumenknollen für den Frühling. Sie ist erregt und setzt sich, was ganz ungewohnt an ihr ist. »Ich muß Ihnen etwas erzählen. Ich habe zwei Nächte nicht schlafen können. Die Eierfrau ist beim Blättlesgeldeinsammeln über mich hergefallen. Was ich im Backhaus alles gesagt hätte. Ich hab's gar nicht fassen können. Und das mit der Frau Meier hab ich vorher wirklich nicht gewußt. Ich hab nur noch gedacht: So geht das nicht. Und da hab ich mir daheim ein Herz genommen und die Frau Hinz angerufen und gesagt: ›Was soll ich gesagt haben? Das ist doch gar nicht wahr. Wenn wir im Backhaus schwätzen und nachher kommt so was heraus, dann kann ich nicht mehr backen. Wie kommt der Paul dazu, dem Hans solches Zeug zu erzählen? Ich will mit meinen Nachbarn im Frieden leben.‹«
Hick.
Frau Hinz hat geantwortet: »Es war mein Fehler. Ich habe meinem Paul nur eindrücklich erzählt, daß auch andere Schwierigkeiten mit dem Hans haben; denn die beiden hocken immer so lange zusammen mit lauter Musik und Rauchen, und am nächsten Tag verschläft der Paul, dann muß mein Mann ihn fahren, oder er verliert noch seine Lehrstelle. Da habe ich gedacht, vielleicht distanziert er sich von der Freundschaft, wenn der Hans doch einen schlechten Ruf hat.«
Hack.

Zwei Tage später gehen Hans und Paul zu Familie Kunz. Paul: »Es tut mir leid, ich habe einen Fehler gemacht. Ich hätte es nicht weitererzählen sollen. Es fällt mir nicht leicht, mich zu entschuldigen, aber ich möchte doch lieber daheim wohnen bleiben.«

»Und du«, sagt Frau Kunz mit Nachdruck zu Hans, »du gehst jetzt und bringst die Sache mit deiner Mutter in Ordnung.«

Hans schwätzt wieder mit seiner Mutter.

Seine Mutter schwätzt wieder mit Frau Kunz.

Frau Kunz, Frau Hinz und ich haben wieder gebacken und dabei geschwätzt.

Hella Bader-Bergengruen

Frau und arm sein

Jemand brachte sie zu uns ins Pfarrhaus. Von sich aus wäre sie nicht gekommen. Sie war immer schrecklich beschämt, wenn sie ihre schwierige Situation zugeben mußte. Man sah es ihr nicht an. Sie war korrekt gekleidet, bei besonderen Gelegenheiten sogar ein wenig geschminkt. Nach außen hin machte sie immer eine gute Figur, auch wenn es ihr zum Weinen zumute war.

Ich hatte mir bis dahin gar nicht vorstellen können, daß man plötzlich arm werden kann und auf der Straße steht, einfach durch Zufall oder durch eine Reihe von Mißgeschicken. So war es ihr ergangen. Frau G. war fünfzehn Jahre lang mit einem Tahitianer verheiratet gewesen, hatte auf der Insel gelebt, zwei Söhne zur Welt gebracht (inzwischen sieben und zehn Jahre alt) und am Telex gearbeitet. Die Ehe ging in die Brüche, nicht zuletzt wegen der Unzuverlässigkeit des Mannes, der dem Alkohol verfallen war. Nach der Scheidung kehrte Frau G. mit den Kindern nach Frankreich zurück. Alle drei hatten von Anfang an großes Heimweh, denn das Leben auf Tahiti war in vieler Hinsicht einfacher als hier. Frau G. hatte keinerlei Verwandte (außer einer Großmutter in Südfrankreich) und Bekannte, kannte das Elsaß überhaupt nicht, hoffte aber, hier leichter einen Arbeitsplatz zu finden.

Sie fand auch nach zwei Monaten nichts; die Hoffnung auf eine Stellung, die es ihr erlaubt hätte, nach der Schule für die Kinder da zu sein, schien aussichtslos. Und ohne Arbeit konnte sie keine Miete bezahlen. Das Geld wurde knapp, und der Vater der Kinder wollte und konnte auch nicht für sie zahlen.

Sie bekam schließlich in unserem Ort eine Sozialwoh-

nung, oder besser gesagt, ein großes Zimmer mit drei
Betten, einem Herd und einem Waschbecken. Mit den
letzten Ersparnissen kaufte sie einige Möbel.
Sie handelte nach einer ihr eigenen Logik. Ich verstand
sie nicht immer. Heute denke ich, es war die »Logik der
Armut«. Sobald sie etwas Geld beiseite hatte, gab sie es
für repräsentative Gegenstände aus. Sie kaufte dann
zum Beispiel Möbel, aber gute! Keiner sollte ihr die Armut ansehen. Gebrauchte Sachen nahm sie gern an,
aber keinen Kram. Die Kinder bekamen schöne Kleider,
sie mußten immer adrett und sauber sein, auch beim
Spielen. Dafür sparte sie am Essen und stellte die Hei-
zung ab.

Nach einem Jahr sollte die Wohnung abgerissen werden, und Frau G. machte sich wieder auf die Suche
nach Zimmer und Arbeit. Sie hatte überhaupt keine
Chance. Ich ging mit ihr. Es wurde ein richtiger Wett-
lauf. Sieben Leute besichtigten mit uns die Wohnung,
die sie so nötig brauchte. Eine junge Frau versuchte vor
uns allen, der Vermieterin mehr Geld anzubieten, um
die Schlüssel gleich zu haben. Eine andere zählte vor
versammelter Runde auf, wieviel sie und ihr Partner
verdienten. Mir wurde schlecht. Welche Chance hatte
da eine alleinstehende Arbeitslose mit zwei Kindern?
Ich beschloß daher, als Pfarrerin aufzutreten und die
Gemeinde mit einzubeziehen.

Als ich der Vermieterin die Situation erklärte und sagte,
die Gemeinde stünde hinter Frau G. und würde die ersten Monate die Miete für sie bezahlen, bekamen wir die
Wohnung sofort! Aber ich hatte gepokert. Wie würden
die Kirchenräte das aufnehmen, die von ihrer Verantwortung noch keine Ahnung hatten? Auch bestand kei-

72

nerlei Sicherheit, daß Frau G. wirklich ehrlich war und bleiben würde! So oft schon waren wir hintergangen worden, daß es meinem Mann und mir doch ganz bange wurde.

Es ging gut! Die Sozialarbeiterin des neuen Wohnortes von Frau G. schaltete sich sofort ein und half ihr, eine Halbtagsstelle als Hilfskraft an der Schule zu bekommen. So konnte sie abends und in den Ferien bei den Kindern sein. Obwohl sie dadurch nicht mehr Einkommen hatte als vorher mit der Sozialhilfe, brachte es sie in Kontakt mit der Außenwelt.

Der Kirchenrat reagierte auf meine Initiative sehr positiv und empfand sie als gute konkrete Möglichkeit der Hilfeleistung, im Vertrauen darauf, daß ich mich nicht geirrt hatte. Frau G. erstattete monatlich eine ganz kleine Summe an die Gemeinde zurück.

Eines Tages starb ihre Großmutter. Die entfernten Verwandten hatten schon zu deren Lebzeiten fast alles genommen, so blieben für Frau G. nur viertausend Francs, für sie jedoch eine riesige Summe. Wieder kaufte sie Möbel und Gardinen und putzte die Wohnung blitzblank!

Einige Zeit danach stand Frau G.s Name in der Zeitung, was meinen Kirchenräten natürlich nicht entging. Sie stand unter »Liquidation judiciaire«, ihr Hab und Gut sollte beschlagnahmt werden.

Sie erklärte mir unter Tränen, ihr Mann auf Tahiti habe so viele Schulden gemacht, daß nun auch sie – trotz Scheidung! – nachträglich dafür aufkommen müsse, weil sie keinen Ehevertrag hatten. Glücklicherweise konnte die Situation gerettet werden, weil Frau G.s Schwiegereltern ein Stück Land verkauften, und sie – mit Hilfe guter Rechtsberatung – von diesen Schulden entlastet wurde. Aber fortan waren die Kirchenräte beunruhigt und achteten genau darauf, daß die kleine monatliche Summe immer pünktlich hereinkam, auch wenn es für Frau G. schwer war.

Nach zwei Jahren bekam sie eine ganze Stelle an der Schule. Sie wohnt immer noch in derselben Wohnung, und von Zeit zu Zeit hat sie soviel Geld übrig, daß sie die Kinder zu ihren Großeltern nach Tahiti reisen lassen kann. Was mich so beeindruckt hat, ist, daß sie sich nie völlig abhängig von Unterstützung machen wollte, was ihre Selbstachtung zerstört hätte. Sie sagte mir einmal, sie hätte Möglichkeiten gehabt, sich als Geliebte von Männern finanziell unterstützen zu lassen. Es wäre auch verständlich gewesen, wenn sie auf diese Art versucht hätte, ihre Zukunft zu sichern. Sie vermißte Kontakt, Wärme, Gespräch. Aber sie wollte keine Abhängigkeit dafür in Kauf nehmen. Und es ist schon symptomatisch für unsere Gesellschaft, daß Frau G. in all den Jahren, in denen sie arm war, keine Freunde oder Freundinnen fand. Obwohl sie jung, charmant, redegewandt und offen ist, blieb sie wirklich einsam. Warum wurde sie nicht von anderen Müttern oder Ehepaaren eingeladen? Macht die Armut einsam? Macht die Einsamkeit arm?

Elisabeth Parmentier

74

Untersuchungshaft

Zellengröße: 9 qm
Belegung: 2 Männer pro Zelle
Ausländeranteil: 80 %
Amts- und Umgangssprache: deutsch, schwäbisch.
Zelleneinschluß: 23 Stunden pro Tag.
Besuch: 30 Minuten pro Woche.
Arbeitsmöglichkeit: 5 % der Einsitzenden
Verdienst: 1,18 DM pro Stunde
Briefgeheimnis: 0
Telefonerlaubnis: 0
Intimsphäre: 0

Tag für Tag

4. April

Es ist also wahr – der Tote von gestern ist Salvatore.
Er war doch noch im Hof und hat seine Runden gedreht.
Jetzt hat er nicht mehr nach Gerechtigkeit gefragt,
jetzt hat er sich sein Recht genommen.
Herr Staatsanwalt, sind Sie zufrieden?
Und wir, die wir regelmäßig in der Gruppe mit ihm zu-
sammen waren, was haben wir an ihm versäumt?
Seine Kinder hätten ihn noch gebraucht.
Seine Frau auch.

6. April

Herr H. kommt ins Zimmer, macht die Tür zu, geht um
den Schreibtisch herum, kniet sich nieder und legt sei-

nen Kopf in meinen Schoß. »Ich möchte heute so mit Ihnen reden.«

Ich bin überrumpelt, verunsichert, weiß nicht, wohin mit meinen Händen, habe Angst, daß uns jemand in dieser Stellung »erwischt«. Ärger kommt hoch.

Herr H. verharrt ganz ruhig und redet von seiner Einsamkeit. Er hat einen Mann umgebracht, weil er dessen Frau haben wollte. Seine Mutter hat ihn mit Flüchen verstoßen.

Ich will, daß er aufsteht. Hat er denn kein Gefühl für Distanz?

Erst viel später wird mir klar, daß Herr H. nichts mehr zu verlieren hat. Warum sollte er auf mich Rücksicht nehmen?

7. Juni

Der Mann aus Zelle zwölf hatte Verhandlung. Eingefallenes Gesicht, tiefliegende Augen; in seiner Sträflingskleidung erinnert er mich an Bilder aus den Konzentrationslagern. Er hat viele Jahre seines Lebens in Psychiatrischen Landeskrankenhäusern (PLK) verbracht. Seine Angst vor den Menschen schlägt manchmal um in Aggressivität. Dann wird er verurteilt und kommt ins Gefängnis.

Rechtsanwalt X. wollte sich dafür einsetzen, daß er nach der Verhandlung ins PLK Z. kommt, nicht nach W.

W. ist für ihn die Hölle. Er zittert, wenn er davon spricht.

Heute erfuhr ich, daß er nach W. gebracht wurde.

Ihr Richter und Rechtsanwälte, ich wünsche euch keine gute Nacht!

76

K. hat angerufen! Er ist hier in einer Klinik und würde sich über meinen Besuch freuen. Natürlich komme ich. K. liegt mir seit Jahren am Herzen, obgleich wir kaum mehr Kontakt haben. Er sagt »Ane« zu mir, in seiner Sprache heißt das »Mutter«. Er hat eine Drogentherapie begonnen und wieder abgebrochen, weil er seinem Freund die »Treue« halten wollte. Ich glaube fest daran, daß der zweite Therapieversuch gutgeht!

5. November

Ch. war heute so nervös, daß ich ihn zu mir bat. »Was ist los?« frage ich.
»Ich hatte eine Schlägerei im Hof, helfen Sie mir, ich habe mich nicht mehr im Griff.«
»Und was ist der wahre Grund?«
»Sie wissen's doch, meine Kleine hat sich immer noch nicht gemeldet.«
In seiner Anwesenheit versuche ich, die Freundin zu erreichen. Zum Glück ist sie selbst am Telefon. Mein Eindruck: Sie verschweigt viel zuviel.
Vorerst ist Ch. beruhigt. Heute nacht wird er dem »Vollzug« aller Voraussicht nach keine Schwierigkeiten bereiten. Aber wie lange wird es noch gutgehen?
Zehn Tage später erhält er einen Brief von seiner Freundin. Sie wohnt nicht mehr zu Hause, treibt sich mit einem Bekannten herum, säuft, ist verzweifelt. Ch. hat beinahe die Zellentür zertrümmert, seine Hand ist schlimm zugerichtet. Er will mit mir reden ...

Immer wieder diese Situation: Machos, aus denen traurige Kinder geworden sind. Die Freundin ist der letzte Halt, oft auch der letzte »Besitz«. Wer die Freundin verliert, verliert alles, auch sein Gesicht. Und dann?

16. November

Als Aufsichtsperson beim zweistündigen Sonderbesuch seiner Freundin erlebe ich, wie Herr V., vierzig Jahre alt, versucht ruhig zu bleiben, unaufhörlich redet, und wie er seine tiefe Bitterkeit an der Frau aufprallen läßt, die ihm Treue geschworen hat und jetzt von einem anderen schwanger ist.

Nach dem Besuch weiht er mich in seine Rachegedanken ein: Er will die Frau überreden, zu ihm zurückzukommen und das Kind abzutreiben, um sie dann nach seiner Entlassung endgültig wegzujagen.

Ich halte das kaum aus: Wir sitzen einander gegenüber, die verzweifelten Männer fragen mich, was sie tun sollen.

Weiß jemand, was da zu sagen wäre?

Herr, erbarme dich.

Susanne Steiff

In der U-Bahn

Schubsen und Drängeln, als die U-Bahn kommt. Jemand stößt mich von hinten in die Tür und sagt: »Nu mal hoppla, junge Frau, schlafen können Se zu Hause!« Ich habe immer noch Hemmungen, meinen Behindertenausweis vorzuzeigen, um einen Platz in der Bahn zu bekommen; überrascht war ich, als mir neulich ein Skin mit großer Zuvorkommenheit seinen Platz als erster einräumte ...

Renate Wüstenberg

Klinikum

Ich verlaufe mich in den Gängen des Klinikums. Alles sieht so gleich aus: ein Riesenkomplex, ein Labyrinth – lange Gänge, schwere Glastüren, Aufzüge. Das System der Nummern und Buchstaben wird mir nicht durchschaubar. Ich habe an diesem Tag mehrere Untersuchungen über mich ergehen zu lassen, werde von Station zu Station geschickt: Aufzug G, Gang III; zweite Tür links, Kabine soundso.

Ich frage nach dem Weg. Irgendwann stehe ich heulend im Fahrstuhl: Ich kann nicht mehr. Eine freundliche Schwester nimmt sich meiner an mit den Worten: »Kommen Sie, ich bring' Sie hin.« Unterwegs sagt sie: »Dies ist ja auch eine Fabrik.«

Ich frage: »Gesundheits- oder Krankheitsfabrik?«

Sie seufzt und meint: »Da bin ich mir manchmal auch nicht so sicher ...«

Renate Wüstenberg

80

»Was ist bloß mit den Kindern los?«

Lange nach Schuljahresbeginn mußte ich eine fünfte Klasse in einer Leipziger Mittelschule übernehmen. Ein Kollege war erkrankt. Am Nikolaustag sollte der erste Religionsunterricht in der Klasse stattfinden. Durch andere Lehrer hatte ich schon viel über die »Mittelschule« gehört. Sie stellt den sächsischen Versuch dar, ohne die Gliederung in Haupt- und Realschule auszukommen. Die Konstruktion ist gutgemeint, rechnet aber zu wenig mit der Realität, denn es gibt nun in einer Klasse sowohl die »guten Realschüler«, die das Gymnasium nur aus Unlust nicht besuchen, als auch die lernschwachen Jugendlichen, die kaum ein Wort richtig von der Tafel abschreiben können. Viel gehört hatte ich über die dadurch entstehenden Disziplinprobleme. Ich ging voller Spannung in meine erste Stunde. Als ich mit meinem Vorgänger das Klassenzimmer betrat, war der Lärmpegel bereits enorm hoch. Hier schlugen sich einige, dort flogen Hefte durch die Gegend, kreischend rannten Mädchen vor Jungen davon. Kurz kehrte Ruhe ein, als der Kollege mich den Schülern vorstellte. Dann ging das Toben ungeniert weiter. Meine Unterrichtsvorbereitung legte ich beiseite. Die Klassenlehrerin hatte jedem Schüler kurz vor dem Beginn der Stunde eine kleine Nikolausüberraschung ausgeteilt, Luftballons und verschiedene Süßigkeiten. Natürlich waren diese Dinge für die Kinder viel interessanter als mein Unterricht. Luftballons wurden aufgeblasen und fliegen gelassen, einige Schüler kamen auf den Gedanken, sie mit Wasser zu füllen und sie dann mit obszönen Bewegungen und Lauten loszulassen. Andere verließen einfach das Klassenzimmer und begannen auf dem Schulhof zu spielen. Ich hatte keine Chance, zu Wort zu kommen ...

Vor allen lehrplanorientierten Zielsetzungen des Religionsunterrichts mußte sich mein Bemühen zunächst einmal darauf konzentrieren, ein angemessenes Verhalten im Unterricht zu ermöglichen. Wir erarbeiteten folgende elementare Regeln:

- Die Unterrichtsstunde beginnt pünktlich.
- Kein Schüler verläßt unaufgefordert das Klassenzimmer.
- Alle hören zu, wenn jemand etwas sagt; Sprechende werden nicht durch Zwischenrufe unterbrochen.
- Schimpfworte und Fäkalausdrücke sind im Unterricht nicht erlaubt.
- Arbeitsaufträge gelten für alle.
- Nebentätigkeiten, die andere beim Lernen stören, werden unterlassen.

Ich versuchte, diese Grundregeln immer wieder deutlich zu machen – und tatsächlich, allmählich konnte ich Veränderungen feststellen.

Durch eigene Kinder im gleichen Alter wähnte ich mich gut vorbereitet auf die eigentlichen Inhalte des Religionsunterrichts. Diese Sicherheit wurde mir genommen. Eindrücklich wurde mir bewußt, daß ich durch meine Familie, durch Bekannte, Verwandte, die Freunde meiner Kinder oder durch mein Wohnumfeld nur eine bestimmte Lebenswirklichkeit zur Kenntnis nehme. Ich weiß einfach zu wenig von meinen Schülern, von ihren Erlebnissen, ihrer Art zu denken und zu entscheiden. Wie kann ich mit ihnen über das Evangelium sprechen, ihnen die Erfahrungen von Menschen mit Gott und Jesus verständlich machen oder nach der Bedeutung von Jesu Botschaft angesichts unserer Wirklichkeit fragen, wenn ich ihre Wirklichkeit nicht kenne? Diese Schüler sind es nicht gewohnt, über Gefühle und

Erlebnisse zu sprechen. Sie überspielen ihre Unsicherheit durch Gelächter, Albernheiten oder auch durch verletzende Äußerungen. In einer solchen Atmosphäre erstirbt jegliche Mitteilung. Deshalb versuchte ich mit den Schülern einzuüben, sich in andere Personen, ihre Erlebnisse und Gedankenwelt einzufühlen und sie dadurch anzuregen, von sich selbst zu erzählen.

Ich fand ein Gedicht von Jürgen Spohn, das umgekehrt mir half, die Welt aus der Perspektive der Kinder zu sehen. Würden sich meine Schüler und Schülerinnen darin wiederfinden können?

Kindergedicht II von Jürgen Spohn

5 Jahre alt,
ich kenne
keinen Wald,
die Stadt ist meine Wiese,
der Vater ist
der Riese.

6 Jahre alt,
das Fernsehen
spielt Gewalt,
die Eltern
sind nicht nett,
ich will noch
nicht ins Bett.

7 Jahre alt,
die Wohnung,
die ist kalt,
der Vater trinkt

sein Bier,
ach spiel doch
mal mit mir.

8 Jahre alt,
die Faust,
die ist geballt,
die Schule
ist ein Dreck,
ich will
hier weg.

9 Jahre alt,
der Vater
zählt Gehalt,
die Mutter will sich
scheiden lassen,
weil sich
meine Eltern hassen.

10 Jahre alt,
ich heiße
Willibald,
die Eltern tun mir leid -
sie haben keine Zeit.

Aus: Barbara Spohn, © Berlin 1982

Ich kopierte dieses Gedicht zunächst auf eine Folie für
den Tageslichtprojektor, um den Text zeilenweise zu besprechen. Dann forderte ich die Schüler auf, sich an
Spiele zurückzuerinnern, die fünfjährige Kinder mögen.
Sie sollten allgemein die Spielmöglichkeiten aufzählen,
die Kinder in einer Stadt haben, Dinge benennen, die ei-

ner nicht kennen kann, wenn er noch nie im Wald war, mit Farben den »Spielplatz Stadt« und eine Wiese malen, wie sie sich der Sprecher wünscht.

Danach unterhielten wir uns über die häusliche Situation, von der im Gedicht die Rede ist, warum der Vater als »Riese« erlebt wird, welche Rolle Fernsehsendungen spielen und welchen Einfluß sie haben.

In einem weiteren Schritt erarbeiteten wir, was verhindert, daß sich der Junge zu Hause und in der Schule wohl fühlt. Der Satz: »Die Faust, die ist geballt« brachte mich auf den Gedanken, durch Handbewegungen, Körperhaltung, Fußstellung und Mimik die inhaltliche Aussage anschaulich vorführen zu lassen.

Und nachdem wir darüber nachgedacht hatten, was sich für den Jungen ändern würde, wenn sich seine Eltern tatsächlich scheiden lassen, trugen wir zusammen, wie »Willibald« geholfen werden könnte, wenn er Schüler unserer Schule wäre. Wir informierten uns über Veranstaltungen, die von Sportklubs, Vereinen, vom Jugendamt, von der Kirche für Jugendliche im Alter meiner Schüler angeboten werden, was sie selbst interessieren könnte. Und wir überlegten schließlich, wie ein/e jede/r seine/ihre Freizeit »sinnvoll« verbringen könnte ...

Für die Schülerinnen und Schüler war es ungewohnt, daß sie diejenigen sein sollten, die den größeren Teil der Stunde reden. Sie ließen sich jedoch erstaunlich schnell auf diesen Unterrichtsstil ein. Für mich wiederum war es neu, den Verlauf der Stunde nicht wirklich planen zu können. Er wurde vielmehr durch die Länge und Intensität der Beiträge der Kinder strukturiert. Durch assoziative Verknüpfungen kam es zu breiten Darstellungen und manchmal Abschweifungen. Diese regten andererseits wieder andere Kinder zum Erzählen an. Mir bereitete es gelegentlich Mühe, geduldig abzuwarten, bis alle Kinder, die etwas zu dem jeweiligen Thema sagen wollten, ihre Ausführungen beendet hatten und darauf zu achten, daß die Stunde nicht ins Unbestimmte auslief.

Während in Pausengesprächen im Lehrerzimmer immer noch plakative Aussagen über das »unmögliche« Verhalten bestimmter Schüler oder ganzer Klassen an der Tagesordnung sind, zeigt meine Erfahrung mit dieser Klasse, daß Schüler nicht generell lernunwillig, destruktiv oder aggressiv sind. Sie sind unterschiedlich engagiert und befähigt. Sie kommen mit wechselnder Tagesform und Laune in den Unterricht. Sie testen und provozieren die Belastbarkeit und fordern Stellungnahmen heraus. Aber – und das ist die wichtigste Erfahrung – sie lernen schrittweise, sich innerhalb eines notwendigen Rahmens zu verhalten, wenn dieser konsequent gesetzt, erklärt und durchgehalten wird.

Friederike Taut-Müller

Die »Fünfer-Brücke«

Seit Mitte der achtziger Jahre ließen sich vermehrt, nicht nur an unserer Schule, folgende Beobachtungen machen: Schülerinnen und Schüler der fünften Klassen zeigten Konzentrationsschwierigkeiten und Ängste vor Klassenarbeiten, die Sportlehrerinnen und -lehrer klagten über geringes Miteinander und vermehrtes Gegen- und Nebeneinander in der Turnhalle. Eltern bemühten sich mit mehr oder weniger großem Erfolg, die Erdkunde- und Biologiehausaufgaben ihrer Kinder zu erledigen, und die Schulpsychologin war zunehmend mit Lern- und Leistungsstörungen, sozialen Auffälligkeiten und Schulangst der Fünftklässler beschäftigt. In den Lehrerzimmern gab es immer mehr Kollegen, die trotz langjähriger »Fünfer-Erfahrung« an ihren pädagogischen Qualifikationen zu zweifeln begannen.

Was diese »Krise der Zehn- und Elfjährigen« verursachte und welche Maßnahmen zur Behebung einzuleiten wären, war zunächst sowohl Eltern wie Lehrern unklar. Auch die Schulpsychologin rätselte, denn laut Entwicklungspsychologie ist erst beim Einsetzen der Pubertät mit einer grundlegenden Verunsicherung der Schülerinnen und Schüler durch die sie umgebenden Erwachsenen zu rechnen. Nur eines war allen Beteiligten deutlich: Es handelte sich nicht um die Probleme einzelner Schülerinnen und Schüler.
Die Schulleitung erteilte daraufhin der Schulpsychologin den Auftrag, eine Analyse der Schwierigkeiten vorzunehmen und Lösungsideen zu entwickeln.
Nach vielen Gesprächen mit Kolleginnen und Kollegen, Eltern und Schülerinnen und Schülern wurden sowohl

soziale als auch leistungsmäßige Umstellungs- und Einordnungsschwierigkeiten als Ursache deutlich. Diese Umstellungsschwierigkeiten waren bedingt durch:

– Veränderungen im Lehrer-Schüler-Verhältnis (von der Klassenmutter der Grundschule zum Fachlehrer des Gymnasiums);
– Veränderungen im Schüler-Schüler-Verhältnis (Einleben in eine neue Klassengemeinschaft, neue hierarchische Ordnung bezüglich Leistungsfähigkeit und Körperkraft);
– Veränderungen in den Lernformen (längere Arbeitsphasen, übergangsloser Wechsel zwischen den Fächern, vielfältige Hausaufgaben);
– ein neues Umfeld (die Schule liegt in der Regel nicht mehr im Wohnviertel = langer Schulweg). Die ehemals Ältesten der Grundschule sind nun die Jüngsten des Gymnasiums;
– Veränderungen in den Rahmenbedingungen: neues Gebäude, wechselnde Räume, Fachlehrerprinzip;
– Veränderungen in der Erfolgserwartung (die guten und hochmotivierten Grundschüler erwarten gleiche Erfolge am Gymnasium) und im Umgang mit Mißerfolgen (z. B. mit schlechten Noten oder mit der Tatsache, daß sie z. T. den Stoff nicht verstehen).

Mit den beschriebenen Veränderungen mußten sich Kinder dieser Altersstufe schon immer auseinandersetzen. Es wäre interessant festzustellen, warum es Kindern seit Mitte der achtziger Jahre in der Mehrzahl immer weniger gelingt, mit diesen Veränderungen ohne besondere Hilfe fertig zu werden. Dieser Frage sind wir aus pragmatischen Gründen im Rahmen unseres Projekts bewußt nicht weiter nachgegangen, da es galt, mit den vorhandenen Schwierigkeiten umzugehen.

Schulleitung, Kollegium, Eltern, Beratungslehrerin und
Schulpsychologin überlegten gemeinsam, wer, wann,
wie den Fünft-Klässlern bei der Bewältigung ihrer Übergangsschwierigkeiten zur Seite stehen könne. Mit ver-
einten Kräften wurde aus folgenden Bausteinen ein
Konzept erarbeitet, das nun den Kindern als Brücke
zwischen Grundschule und Gymnasium dienen soll:
Vermittlung von Lern- und Arbeitstechniken und Ein-
übung eines Entspannungstrainings im Klassenverband:
– Schülergruppen zum Thema »Lernen lernen«: Förde-
  rung von Selbstvertrauen, Konzentrations- und Ar-
  beitsverhalten sowie Integrationsfähigkeit in eine
  Gruppe;
– Bereitstellung von Arbeitshilfen zum »Lernen lernen«
  für die Hand der Lehrerinnen und Lehrer zur Durch-
  führung entsprechender Unterrichtseinheiten in den
  Klassen;
– Im Rahmen des Projekts »Kooperation zwischen
  Grundschule und Gymnasium« wechselseitige Unter-
  richtsbesuche zur Abstimmung von Lehrinhalten und
  pädagogisch-didaktischem Vorgehen;
– Elternabende, die sich mit den Übergangsschwierigkeiten und Unterstützungsmöglichkeiten durch die
  Eltern beschäftigen;
– Zusammenstellung von Spielen für die fünften Klassen: Spiele ohne Sieger, Konzentrations- und Koordi-
  nationsspiele.

Im Herbst 1989 entstand auf den pädagogischen Ar-
beitstagen die Idee für einen weiteren, aber sehr grundlegenden Baustein: eine Leistungsfeststellung ohne Noten
im ersten Halbjahr der fünften Klasse bis Weihnachten
durchzuführen.
Nachdem der Schulleiter geklärt hatte, daß einer sol-

chen Maßnahme juristisch gesehen nichts entgegensteht, formierte sich eine Arbeitsgruppe, die neue Formen der Leistungsbewertung entwickelte und diese dann zur Diskussion an die Fachschaften gab. Das Konzept »Leistungsbewertung in Klasse 5« wurde im Frühjahr 1991 zunächst von der Lehrerkonferenz und dann von der Gesamtkonferenz mit großer Mehrheit verabschiedet.

Im ersten Halbjahr der fünften Klasse sollen danach keine Noten im herkömmlichen Sinn gegeben werden. Dabei soll nicht auf Leistungsbewertung verzichtet oder sogar eventuelles Versagen verschleiert werden, sondern in Form von differenzierten Rückmeldungen bezüglich der vorhandenen Fähigkeiten sollten Vorschläge gemacht werden, was das Kind tun müßte, um den geforderten Leistungsstand zu erreichen (Lerntips. z. B.: »x kannst Du schon, aber y solltest Du noch tun«. Übungsanweisungen)

Nach Weihnachten sollen dann benotete Klassenarbeiten geschrieben werden, die in sinnvoll reduzierter Anzahl als Grundlage für die Notengebung am Schuljahresende dienen. Um eine Häufung der benoteten Klassenarbeiten zu vermeiden, sollte für Januar ein Klassenarbeitsplan erstellt werden (Vorrang der Kernfächer). Eine Halbjahresinformation für die Klassen 5 entfällt. Um den Eltern trotzdem Auskunft über die Leistungen ihrer Kinder zu geben, müssen verstärkt Elterngespräche geführt werden. Im November werden Klassenkonferenzen und ein Elternsprechtag durchgeführt. (vgl. Merkblatt »Leistungsbewertung in Klasse 5«).

Pädagogische Gebäude bestehen nicht aus Beton und Stahl und sind auch nicht für die Ewigkeit gebaut, sondern lebendige Gebilde, die immer wieder um- und neugestaltet werden müssen. So ist unsere gemeinsam gestaltete »Fünfer-Brücke« unsere derzeitige Antwort auf die Übergangsschwierigkeiten von der vierten Klasse Grundschule zur fünften Klasse Gymnasium. Erste Veränderungen zeichnen sich ab.

– Elternabende speziell zum Thema »Übergangsschwierigkeiten« werden nicht mehr durchgeführt, da die Kinder die bisherigen Schwierigkeiten nicht mehr zeigen.
– Kurse zum »Lernen lernen« laufen nicht mehr über ein Schuljahr in festen Kindergruppen, sondern werden nur noch nach Bedarf eingesetzt, da die Kinder mit den an sie gestellten Anforderungen zunehmend zurechtkommen und Lerntechniken und Konzentrations- und Entspannungsübungen im Klassenverband vermittelt werden.

Die Klassenlehrerstunde für die fünfte Klasse ist dabei sehr hilfreich. Auch auf Integrationsprobleme können dadurch die Klassenlehrerinnen und Klassenlehrer gezielt eingehen.
Wie die Fünfer-Brücke in einigen Jahren aussehen wird bzw. ob sie dann noch notwendig ist, läßt sich noch nicht absehen. Z. Zt. läßt sich nur feststellen, daß Kopf- und Bauchweh, Schulangst, Unsicherheit und Demotivation aufgrund von Mißerfolgen in unseren fünften Klassen kaum mehr ein Thema sind.
Trotzdem können wir uns nicht im pädagogischen Lehnstuhl ausruhen, denn neue Probleme tauchen auf, mit denen wir umgehen müssen. Neuerdings haben wir einige Schülerinnen und Schüler im Fünfer-Jahrgang, denen es große Schwierigkeiten bereitet, Regeln und Grenzen zu akzeptieren und einzuhalten. Wir müssen nun überprüfen, ob wir eventuell durch die notenfreie

Zeit die latent vorhandenen Schwierigkeiten solcher Kinder verstärken (Noten als Disziplinierungsmaßnahme?). Und wir müssen uns der Frage stellen, ob wir trotz oder gerade mit unserer Pädagogik solchen Schülerinnen und Schülern das Einleben in unsere Schulgemeinschaft ermöglichen können.

Margrit Hebel

Werte – Worte
Brief einer Psychotherapeutin

Liebe I., danke für Deinen dicken und informativen Brief. Mir ist klar geworden, ... daß das Thema »Werteerziehung« oder dem Naheliegendes überhaupt nicht »mein Ding« ist. Beides nicht, weder mich um zu schützende Werte zu kümmern noch erzieherisch darauf hinzuwirken, daß andere das tun ...

Ich hatte schon immer ein kritisches Verhältnis zu dem, was man Erziehung nennt, und ein skeptisches, inzwischen teilweise ablehnendes demgegenüber, was mir unter den Begriffen Werte, Grundwerte, Wertordnung, Werteverfall usw. begegnet.

Nun schon elf Jahre lang habe ich mit unwillkommen schwanger gewordenen Frauen gearbeitet. Dabei habe ich gelernt, daß Frauen in einer solchen Situation, die sie bis aufs Äußerste beansprucht, nicht oder doch kaum in Wertbegriffen denken. Das ist auch deswegen so, weil es um verschiedene Möglichkeiten geht, mit Verantwortung und Schulderfahrung umzugehen. Vielleicht bewegen sie sich fühlend und reflektierend innerhalb des Erlebens ihrer Beziehungen zu sich selbst, zum werdenden Kind, zum Vater des Kindes, zu ihren anderen Kindern, zu ihren Eltern und zu Gott oder wie auch immer sie eine höhere Macht benennen mögen. Und so versuchen sie zu ihrem gesamten zwischenmenschlichen Kontext und zur Welt eine »beziehungsgerechte« Entscheidung zu finden.

Seit dem Frühjahr war ich konfrontiert mit dem BVG-Urteil zur Neuregelung des § 218. Nun hatte ich also zu entscheiden, wie will ich künftig Frauen in Schwangerschaftskonflikten beraten. Welches Konzept kann unsere Beratungsstelle für ihre Arbeit finden, und wie ist dies nach außen, gegenüber der Öffentlichkeit und dem Ministerium, zu vertreten. »Die Beratung dient dem Schutz des ungeborenen Lebens« – ja, so hieß es schon immer. Als wenn es ein »ungeborenes Leben« allein gäbe!

Siehst Du, hier fängt das isolierende Denken für mich schon an ... Verwandt damit ist das Denken in »Werten«, das genauso isoliert. Seitenweise ist in der entsprechenden Literatur die Rede vom ungeborenen Leben als von einem »Wert« von höchstem verfassungsmäßigem Rang. Leben, das in Schutz genommen werden muß, notfalls gegen seine Mutter (wie?), die ihrerseits einen nachgeordneten Wert für sich in Anspruch nehmen darf, z. B. ihr Recht auf Selbstbestimmung ...
In meiner Praxiserfahrung eröffnet eine Frau übrigens ganz selten das Beratungsgespräch mit derartigen Überlegungen. Und wenn, dann handelt es sich fast immer um eine Akademikerin, die sich zuletzt wie jede andere einfach nur in ihrer Not mit sich und dem Partner vorfindet. Das ist ihre unmittelbare Situation. Alles Vorhergehende war Spiegelfechterei, die sie vielleicht nur angefangen hat, weil es zu weh getan hätte, wenn sie gleich auf das Eigentliche zu sprechen gekommen wäre. Es hätte zu viel in Gang gebracht, das unbewältigbar erschien, es hätte zu viel Wut mobilisiert ...
Als Psychotherapeutin habe ich es mit Menschen zu tun, die sich während der Zeit, in der sie ihre Beziehung zu mir unterhalten, ändern, sich selbst ändern wohlgemerkt ...
Eines der fruchtbarsten Erlebnisse und Einsichten innerhalb der Therapie (ganz besonders für Frauen) ist die, in vollem Umfang dessen gewahr zu werden, daß Frau/Mann ausschließlich sich selbst ändern kann und auch nur dazu das Recht hat. Regelmäßig kommt dabei

in Gang, daß in dem Maße, wie sich Frau/Mann ändert, auch die wichtigen Beziehungen zu den anderen, das Klima am Arbeitsplatz sich zu ändern beginnen. Das kann unter Umständen zur Aufgabe einer Beziehung führen, die sich als zu unfruchtbar und ungedeihlich erweist, oder zum Wechsel in eine andere berufliche Situation.

Natürlich kann ich sagen, daß ich mich – in meiner Arbeit etwa – bestimmten »Werten« verpflichtet fühle, allem voran vielleicht: Respekt und Wahrhaftigkeit, Nüchternheit, Achtsamkeit. Ich könnte fortsetzen mit »Empathie«. Aber da sträube ich mich schon. Das alles sind eben »Denkdinge«! Sie lassen sich nicht als solche durch Benennung und in erzieherischer Absicht vermitteln. Ich glaube, sie lassen sich überhaupt nicht »beibringen«! Die in diesen Begriffen benannten lebendigen Prozesse stellen sich ein, entfalten sich und werden unterhalten in bestimmten Beziehungen ... Sie sind aber keineswegs durch das bloße Benennen da. Daß sie entstehen, dafür gibt es während einer Therapie Anzeichen. Solche Genesungszeichen, Gedeih-, Reifungszeichen können sein: die Fähigkeit, besser für sich zu sorgen, sich abzugrenzen, sich zu verweigern, wo es notwendend ist. Aber auch die bessere Einfühlung in andere, sich einbringen können, wo es notwendig sein könnte; Humor; bei Frauen vor allem: das Aufgeben der Idee, jemand anderen retten zu wollen, jemand anderen zu ändern, für jemand anderen zu sorgen, so daß dessen eigene Verantwortlichkeit für sich selbst gleichsam abzusterben beginnt ...

Weißt Du, ich erlebe wahrscheinlich ganz andere Dinge als Du und verarbeite sie vielleicht auch ganz anders ... Du würdest mich mißverstehen, wenn Du den Schluß ziehen würdest, ich plädierte für eine allein nach innen gerichtete, apolitische Art zu leben. Ich bin nur sehr, sehr skeptisch gegenüber Worten, die überzeugen sollen; ich bin offen für Worte, die bezeugen, und ich bin fasziniert von »zeugenden Worten« ...

Ich grüße Dich und Deinen Mann

Deine F.

DAS HARTE
DURCHBRECHEN

Ein Amt in der Kirchenleitung

Ich fürchte, das macht keinen Spaß, war mein erster Gedanke, als ich hörte, ich solle Prälatin werden.

Wovor ich Angst hatte, wußte ich ziemlich genau:
immer reden müssen, auch wenn ich gar nichts zu sagen habe;
immer eine Meinung äußern müssen, auch wenn ich noch keine habe und erst noch viel hören und mit andern reden möchte;
immer die Kirche als ganze vertreten müssen, wo ich viel lieber erst einmal nur für mich selber würde sprechen wollen;
immer mir Ruhe und Zeit wünschen für das, was langsam wachsen will und sie nicht finden;
immer in Gremien sitzen müssen und wenig bewegen;
und in vielen Dingen schweigen müssen, obwohl reden nötig wäre und guttäte.

Inzwischen lerne ich, mich dem zu vielen Reden auch zu verweigern; es auszuhalten, wenn ich noch keine Meinung habe; ausdrücklich nur für mich selber zu sprechen, statt immer gleich für die ganze Kirche; die Verpflichtung zum Gespräch noch ernster zu nehmen als die Verpflichtung zum Schweigen.
Die wichtigsten Wünsche: Ich möchte lebendig bleiben.
Und ich möchte ich selber sein.
Ich lese gerade Nelson Mandelas Autobiographie »Der lange Weg zur Freiheit«. Viele Jahre hat er darum gekämpft, auf Robben Island im Schutz der Gefängnismauer einen kleinen Garten anlegen zu dürfen. Endlich wurde es ihm erlaubt.
»Das Gefühl, der Verwalter dieses kleinen Stückchens Erde zu sein, beinhaltete einen Hauch von Freiheit«,

schreibt er. »In dem Garten sah ich in mancherlei Hinsicht eine Metapher für bestimmte Gesichtspunkte meines Lebens. Auch ein Führer muß seinen Garten bestellen. Er sät, beobachtet, pflegt und erntet das Ergebnis. Wie ein Gärtner muß er die Verantwortung für das übernehmen, was er heranzüchtet; er muß sich um seine Arbeit kümmern, Feinde abwehren, erhalten, was zu erhalten ist, und das beseitigen, was keinen Erfolg verspricht.« (S. 656)

In einem Brief an seine Frau Winnie erzählt er von einer Tomatenpflanze, die er lange umsorgt und gehegt hat und die dann doch an irgendeinem Mangel einging.

»Ich wollte nicht, daß es unserer Beziehung so erging wie dieser Pflanze, aber andererseits spürte ich, daß ich die wichtigsten Beziehungen in meinem Leben vielfach nicht richtig nähren konnte ...« (S. 656)

Als ich das las, fiel mir ein abendlicher Satz ein, den ich neulich so vor mich hingeschrieben hatte: »Gott sei Dank, die Freundinnen und Freunde leben ohne mich. Aber – lebe ich ohne sie?«

Und noch ein anderer Satz, auch so am späten Abend notiert: »Macht – ich habe sie nie gesucht. Jetzt frage ich mich manchmal: Was finden die, die sie bei mir erhoffen?«

Ich glaube, was mein Amt von mir verlangt, hat mit Hoffnung zu tun und auch mit Widerstand.

Dorothea Margenfeld

Als Frau im Bundestag
Im Gespräch mit Margot v. Renesse

Wie sie als Frau zu ihrem politischen Amt stehe, wollte ich von Margot v. Renesse wissen. Sie lud mich ein, sie in ihrem Bonner Büro zu besuchen. Nachdem ich mich zu ihr durchgefragt hatte, war sie es zufällig selbst, die die Tür zu der kleinen Abteilung der SPD öffnete, einladend, schwungvoll, fröhlich. Zu diesem Eindruck wollte der Zeitungsabschnitt, der an ihre Bürotür geheftet war und in großen Lettern verkündete, daß das Politikerdasein für eine Frau einen sozialen Abstieg bedeute, nicht recht passen. Aber gerade dieser Punkt wurde ein guter Anknüpfungspunkt für unser Gespräch:

»Als Richterin war ich ein hohes soziales Prestige gewöhnt, das keiner in Zweifel gezogen hat. Mir war das nicht unangenehm«, bekennt sie offen. Und dann fährt sie fort: »Hier nun erlebe ich das genaue Gegenteil. Die Leute unterstellen Politikern offenbar von vornherein, daß sie nicht ehrlich, sondern nur auf den eigenen Vorteil bedacht seien, jederzeit bereit, die moralischen Regeln zu durchbrechen, die sie für andere aufstellen, also im Grunde korrupt! Damit hatte ich überhaupt nicht gerechnet, schon gar nicht als Frau. Es geht mir bis heute so, daß ich mich überall und zuallererst gegen die Unterstellung verteidigen muß, ich sei korrupt. Andererseits verlangt die Gesellschaft gerade von Politikern der SPD ein ausgeprägt moralisches Verhalten. Wenn bei uns was schiefgeht, scheint das viel schlimmer zu sein als bei der CDU, die als Wirtschaftspartei mit anderen Maßstäben gemessen wird. Die SPD, eine Grundsatzpartei, darf sich einfach keine Affären zuschulden kommen lassen!«

Sie sagt das lachend und leidenschaftlich, aber ich spüre doch den Konflikt, in dem sie sich tagtäglich befindet zwischen dem eigenen Anspruch und dem der Partei – und der öffentlichen Meinung. Wir sprechen eine Weile über den Berufsstand, aus dem sie kommt, und über das Verhältnis, das Juristen in diesem Jahrhundert dem Staat gegenüber an den Tag gelegt haben. Im Blick auf das »Dritte Reich« und die DDR erlaube ich mir, das hohe Ethos, das sie in den Augen der Gesellschaft beinahe von Natur aus mitzubringen schienen, in Frage zu stellen. Daß die Justiz in beiden Fällen vielfach das Recht gebrochen habe, gibt sie mir ohne weiteres zu. Sehr viel lasse sich aus einer falsch verstandenen Staatstreue heraus erklären. Aber die eigentliche Gefahr des Rechtsbruchs von seiten der Justiz sei der korrupte Umgang mit der Macht gewesen, da wo Richter am Gegenüber einfach ihre Macht austoben. »Das war das eigentlich Schlimme im NS-Staat ebenso wie nachher in der DDR!«

Frau v. Renesse bleibt bei dieser allgemeinen Aussage nicht stehen, sondern erläutert, was sie meint, an einem Erlebnis, das zeigt, daß nicht nur jene Richter, sondern daß wir alle zu solchem Machtmißbrauch fähig sind. Sie sei vor Jahren zufällig dazugekommen, als ihr damals vierjähriger Sohn mit dem Hammer auf eine Maus eingeschlagen habe, die sich in einer Falle verfangen hatte. »Empört drosch ich auf ihn ein, und im selben Moment nahm ich erschrocken wahr, was in mir selbst losgegangen ist!«
Sie hält inne und gibt dann zu bedenken, es sei eine Illusion zu glauben, daß in uns ganz spontan so etwas wie Einfühlsamkeit mit dem Schicksal der anderen vorhanden ist. »Wenn das da ist – dann ist es nur gleichzeitig mit dem Machttrieb und der Neugier da, und sicher nie-

mals rein, sondern gebrochen, gemischt.« Gerade deshalb müsse Macht in jeder Form kontrolliert werden, wie das in demokratischen Verfassungen vorgesehen ist. »Wissen Sie, was ich den Leuten von der PDS sage, wenn ich ihnen klarmachen will, daß es ein erheblicher Unterschied ist, ob ich in einem demokratischen Rechtsstaat gelebt habe oder in einer Staatsform, die sich nur mit dem Beiwort ›demokratisch‹ geschmückt hat? Ich sage: Wenn ich Unrecht sehe, das jemand anders geschieht, dann muß ich mich wehren können, weil ich mich wehren muß! Und weil ich das in diesem Staat kann, weil die rechtlichen Grundlagen dafür gewährleistet sind, darum mag und verteidige ich ihn!«

Daß Frauen sich wehren sollen, das sei heute keine neue Botschaft mehr. Freilich müssen sie sich wehren, und sie tun es ja auch. Aber ihr komme es so vor, als wehrten sich Frauen in der Regel nur, wenn sie selbst es sind, die angegriffen werden. Ihr aber gehe es vorrangig um das Unrecht, das anderen geschieht.
Das muß schon ganz früh ihr Anliegen gewesen sein. Schon damals, als sie – Mutter von drei kleinen Kindern, die ihren Beruf als Richterin auch weiterhin ausüben wollte – auf das Fehlen von Krippen- und Kindergartenplätzen aufmerksam wurde. Abhilfe zu schaffen auf der privaten Ebene allein, für zehn, fünfzehn Familien, wie es die Kinderladenbewegung versuchte, schien ihr zu wenig. Um Plätze für Kinder in Kindergärten und Vorschulen zu schaffen, braucht es grundsätzliche, strukturelle Maßnahmen. Margot v. Renesse fing damit an, daß sie den Stadtrat dazu veranlaßte, ein Haus mit sechzig Kindergartenplätzen zu gründen. Sie war erfolgreich und nahm sich vor, auch bei anderen Gelegenheiten aktiv zu werden.

»Ich bin nicht etwa irgendwann mal nachts aufgewacht und habe mir gesagt: Politik machen, irgendwo eine große Idee verwirklichen – das wär das Richtige! Ich habe mich immer gefragt, und so verstehe ich auch hier in Bonn meine politische Arbeit: Wozu hätte ich dem Gesetzgeber schon längst mal gern einen Brief geschrieben!« Aus ihrer Praxis sei ihr so z.b. auch das Thema des Geschlechtervertrags im Rahmen der Unterhaltsregelung für getrennt lebende oder geschiedene Eltern wichtig geworden. Hier müsse es zu Änderungen bei der Sozialversicherung kommen. Denn es gehe doch nicht an, daß Frauen, wenn sie wieder heirateten, plötzlich keine Unterhaltszahlungen mehr für die Kinder erhielten. Wenn sie hier zu strukturellen Verbesserungen beitragen könne, die sich gesellschaftspolitisch auswirkten, dann hätte sie das Gefühl, als Frau »Spuren hinterlassen« zu haben.

Diese Formulierung läßt mich danach fragen, wie ihre Alltagsarbeit neben und mit den männlichen Kollegen aussieht. Sie sagt, sie habe als Frau nie besondere Probleme gehabt, ihren Platz neben Männern zu finden und einzunehmen. »Ich hatte viel Glück, ich war gesund, ich hatte den richtigen Beruf gewählt und konnte meine Energien verschwenden. Ich hatte mehr Chancen als andere Frauen. Daß Frauen sich Männern gegenüber oft ohnmächtig erfahren, hat mich persönlich nicht berührt. Behinderungen haben mich aber auch nicht davon abgehalten, mich anderen so zuzumuten wie ich bin. Ich habe relativ angstfrei aus allem versucht, das Maximale herauszuholen.«
Und wie es in schwierigen Situationen ist, will ich wissen, da, wo es Streit gibt, wo es um harte Auseinandersetzungen geht. Doch, die kennt sie natürlich auch. Sie

gibt zu, manchmal in geradezu »säuische Kämpfe« verwickelt zu werden.

Aber richtig streiten, darauf lasse sie sich nur ein mit Menschen, die sie mag, z.B. mit ihrem Mann. Gerade dann schmerze es, wenn der andere einen anderen Standpunkt vertrete. Aber gleichzeitig fordere ein solcher Streit auch dazu heraus, den Standpunkt des Partners besser verstehen zu lernen, sich u.U. einmal selbst auf ihn zu stellen, um mit den Augen des anderen zu sehen. Immer gelte es da, wo Spannungen auftauchten, wo Auseinandersetzungen unvermeidlich seien, zu versuchen, ob sich etwas Konstruktives aus den Unterschieden entwickeln lasse. Gerade da, wo man bestimmte Grundüberzeugungen teile, ließen sich Spannungen fruchtbar machen. In diesem Zusammenhang spricht Margot von Renesse von der Notwendigkeit des Kompromisses. Sie bedauert, daß dieser Begriff im Deutschen meist mit dem Beiwort »faul« versehen werde. Nein, unüberzeugte, aus formalen Gründen herbeigeführte, »faule« Kompromisse seien nicht ihre Sache. Einen fairen Kompromiß zu finden, sei ihre Aufgabe.

»Weil wir alle die Welt nur ausschnitthaft wahrnehmen, weil wir alle begrenzt sind durch unsere persönlichen Lebensbedingungen, die wir einfließen lassen in unsere Vorstellungen.« Schon deshalb stelle die Meinung der anderen eine notwendige Korrektur zu der eigenen dar. Darüber hinaus aber steckten in jedem auch negative Potenzen.

»Wenn man – wohl wissend um seine Schwächen – in allem, was man sagt und tut, versucht aufrichtig zu sein und für die anderen aufmerksam zu bleiben, dann passiert für mich das, was ich ›ewiges Leben auf säkulare Weise‹ nennen möchte. Das ist mir wichtig – das genügt mir.«

Mehr ist nicht nötig zu sagen. Wir verabschieden uns, und ich gehe – froh, eine solche Frau in Bonn zu wissen.

I.K.S.

Eine Frau kämpft gegen die Zerstörung
Die Gesprächspartnerin möchte anonym bleiben

»Sie haben mich mit Ihren Fragen dazu gebracht, einmal konsequent darüber nachzudenken, wo das eigentlich begonnen hat und wie das alles weitergegangen ist«, sagte sie. Man muß vielleicht ihre Intuition haben, ihren aufbegehrenden Widerspruchsgeist gegen das, was schiefläuft in der Gesellschaft, dazu Mut und Kampfbereitschaft: »Niemals aufhören! Wenn der fünfzigste Weg nicht geht, dann der zweihundertfünfzigste!«
Und ganz bestimmt braucht es Leidenschaft und unbändige Lebenskräfte, wenn man auf ihrer Spur bleiben will. »Bis zu den Knöcheln tief in der Erde stehen, um das Gefühl für den Boden nicht zu verlieren.«
Frau S. ist auf einem großen Landbesitz aufgewachsen und bringt von Kindesbeinen an die Liebe zur Erde und zum Wachstum mit. Vielleicht angeregt von Edvard Munch, fertigte sie im Kunstunterricht schon als Zehnjährige einen Linolschnitt an, der darstellte, was sie beunruhigte: einen Menschen, der aus dem vergitterten Kellerfenster einer dreißigstöckigen Hochhauslandschaft ohne Bäume und Gärten schreit, schreit gegen die ihn umgebende Leblosigkeit aus Beton.
»Ich habe dieses Material immer gehaßt, es ist kein natürlicher Stein, aus dem wirkliche Behausungen entstehen können, er ist pockennarbig, häßlich grau, Ausdruck von Totem. Beton ist Nicht-Farbe, Nicht-Leben.« Drogenbekämpfung hätte ihrer Meinung nach bei der Nachkriegsarchitektur mit ihren Betonklötzen ansetzen müssen. »Da haben wir unsere Seele zubetonieren lassen!« Sie ist mit ihrem Mann aufs Land gezogen. Ein Leben in der Stadt, das hätte sie nicht ausgehalten nach allem, was sie in den Jahren des Studiums gesehen und kennengelernt hat.

Ausgestattet mit einem natürlichen Gespür für das, was Leben gefährdet, hat das Pfarrerehepaar die Herausforderung akzeptiert und ist gegen den Rat wohlmeinender Freunde bewußt ins damalige Zonenrandgebiet gegangen, wo alles »stehengeblieben« schien und wofür sich niemand interessierte. Zwanzig Jahre zuvor hat es da noch einen Schuster, einen Schneider, einen Bäcker und natürlich einen Gemischtwarenladen gegeben, wo alles zu haben war. Die Männerherrschaft im Dorf war »noch« unangefochten, das Sagen hatten die »alten Männer«; Frauen oder gar Kinder hatten keine Stimme.

Bei den Kindern setzte Frau S. an. Die lud sie mittwochnachmittags zur Märchenerzählstunde ein. Ganz natürlich entwickelte sich dabei eine Spielschar, die zunächst ein Marionettentheater mit selbstgebastelten Figuren und Kulissen baute, aber vor allem eine »verschworene Gemeinschaft« wurde mit immer neuen lustigen und belebenden Ideen. Für alle Dorfbewohner rüsteten die Kinder Osternester und hatten den Spaß, sie im Waldgelände auf Büschen und Bäumen zu verstecken, um sie später mit großem Hallo wiederzufinden und gemeinsam zu verzehren. Krippenspiele wurden zu Weihnachten in der Kirche aufgeführt, es gab ein Pfingst-Posaunenblasen und -singen, ein Sommerdorffest mit Fahrradrallye und Eisbombe.

Der unermüdliche Erfindungsgeist von Frau S. fand erst bei den Kindern und dann bei den Eltern Widerhall. War es leichter, in einer noch »heilen« Dorfwelt gegen die Kehrseite der Aufbaugesellschaft zu kämpfen, die sich immer deutlicher abzuzeichnen begann? Vielleicht. Aber so heil war und blieb natürlich auch in diesem Dorf nicht alles.

Mehrere Wirtschaftszweige bekamen Appetit darauf, das »rückständige« Gebiet zu erschließen und an das Straßennetz anzubinden; Städter hatten nämlich ihren Wohnsitz aufs Land verlegt, Handwerksbetriebe und Einzelhandel gerieten mehr und mehr in Schwierigkeiten, weil die jungen Leute in die Stadt wollten und weil die großen Marktketten mit ihren Billigangeboten ihren Machtbereich ausdehnten.

Da wurde Frau S. klar, daß alle Aktivitäten bewußt politisch ausgerichtet und eingefädelt werden mußten, wenn sie sich gegen diese Entwicklung schützen und wehren wollte. Vor allem galt es mit nicht nachlassender Zähigkeit und Schläue, informiert zu bleiben und nach Wegen Ausschau zu halten, wie man Einfluß nehmen konnte. Sie fing mit Aufklärungs- und Bewußtseinsarbeit unter Frauen an. Dazu war es nötig, Fachkenntnisse, die sie im Studium erworben hatte, in einfaches Deutsch zu übersetzen. »Die Frauen lernten über sich mit anderen zu sprechen. Ich war dafür eigentlich nicht ausgebildet – trotzdem gelang es. Wir merkten zusammen, was unsere Situation war: Wir auf dem Land sind Opfer – am Ende des Fortschritts. Der Wohlstand der anderen war auf dem Rücken der Bauern entstanden.«
Frau S. erinnert daran, daß die Einkommen der klein- und mittelbäuerlichen Landwirte gleichgeblieben waren, obwohl sie sich gezwungen sahen, immer mehr zu investieren, um durch moderne Geräte und Maschinen dem Wettbewerb einigermaßen standhalten zu können. Und doch begannen sich die negativen Folgen dieser Entwicklung schon deutlich abzuzeichnen. Die Frauen fragten sich plötzlich: Aber wie, wenn es gerade umgekehrt wäre, wenn es vielleicht »Fortschritt« bedeutete, am Ende des Fortschritts zu stehen, Schlußlicht zu

sein, wie wir?»Unsere Böden waren ja intakt geblieben!«

Hier begann sich nun ein schier unübersehbares Betätigungsfeld aufzutun, und hier kam den Frauen zugute, daß sich der Fahrtwind inzwischen gedreht hatte, daß man in Brüssel Interesse gerade an den strukturschwachen Regionen gefunden hatte und sie finanziell zu unterstützen bereit war. Dort war von einer Gruppe am Rande der offiziellen Agrarpolitik bemerkt worden, daß die Schäden, die diese vierzigjährige, die intensive Agrarindustrie fördernde Politik verursacht hatten, nur aufgefangen werden könnten, indem man in den »vergessenen Nischen« mit Korrekturen ansetzte. Es gelang, Aufmerksamkeit auf gerade die Region von Frau S. zu lenken und Einzelprojekte durchzusetzen, die aus EG-Mitteln finanziert werden sollten. Natürlich waren bis dahin Untersuchungen, Analysen, Gespräche mit Verbänden, Parteien, Kommunen, Kammern auf allen Ebenen nötig. Informationen mußten zugänglich gemacht, Aufsätze geschrieben, Briefe mußten verfaßt werden, regional und überregional mußte Aufklärungs- und Überzeugungsarbeit geleistet werden, bis schließlich das Geld bewilligt war und mit den konkreten Maßnahmen begonnen werden konnte. Wie gut, daß sie einmal Politikwissenschaft studiert hatte!

Sie muß kriminalistisch veranlagt sein, sagte ich mir, als sie folgende Geschichte zum besten gab, die sie veranlaßt hatte, eine landwirtschaftliche Kooperative von regionalen Kleinbauern anzuregen, die ihren Salat und ihr Gemüse bei privaten Abnehmern im Umkreis absetzen. »Ich wollte einfach wissen, was mit dem Blumenkohl, den unser Dorfbauer Z. an eine Großmarktkette lieferte, geschieht. Ich wollte beweisen können, daß es gesundheitsschädlich ist, was man unternimmt, damit unser Gemüse, nachdem es im Land hin- und hergefahren worden ist, noch drei Wochen nach Ablieferung im Supermarkt als ›frisch‹ verkauft werden kann. Und sie kam auf den Gedanken, den neunjährigen Enkel des Bauern zu fragen, ob er hin und wieder mal mitfahren und ihr hinterher erzählen könne, was mit dem Blumenkohl angestellt werde. Der Junge berichtete, daß der Blumenkohl beim Großhändler in einem Raum verschwand, dessen Betreten durch ein Schild an der Tür verboten war. Er habe sich aber doch einmal unbeobachtet hineinschleichen können und gesehen, daß die Blumenkohlköpfe in einem großen Becken mit einer rosaroten Flüssigkeit schwammen, von der sie auch ganz rot gefärbt gewesen seien. Nach einer bestimmten Zeit aber hätten sie wieder ganz normal ausgesehen. Wie sich später zeigte, kann Gemüse solchem »Frischhalteverfahren« mehrfach unterzogen werden, bevor es an den Käufer gelangt.

Dank der tatkräftigen Mithilfe von Frau S. wurde in ihrer Gegend eine Gemüseabnehmerinteressengemeinschaft gegründet. Die Mitglieder verpflichten sich, ein- bis zweimal in der Woche saisonbedingtes Gemüse aus der unmittelbaren Umgebung zu kaufen. Der Transport und damit der Kohlendioxydausstoß können auf ein Minimum beschränkt werden; der Preis für das schonend behandelte Frischgemüse, das seinen Namen wirklich verdient, kann vergleichsweise niedrig gehalten werden. Die Genossenschaft ist inzwischen dazu übergegangen, auch Handelskettenläden zu beliefern, nicht ohne dabei auf scharfen Widerstand zu stoßen.

Die Geschichte von der Schlacht-GmbH ist nicht weniger typisch. Zunächst wurde im Dorf ein großes leerstehendes Gasthaus mit Nebengebäuden ersteigert. Die Baulichkeiten wurden erneuert, neben der Gastwirtschaft wurde Raum für Saal und Kegelbahn sowie für eine Metzgerei mit eigenem Verkaufsladen geschaffen. Die umliegenden Bauern wurden dafür interessiert, das eigene tiergerecht gehaltene Vieh im eigenen Schlachthaus zu Schlachtung und Weiterverarbeitung zur Verfügung zu stellen. Die Metzgerei beliefert auch zwei Altersheime und ein Krankenhaus mit fettarmen Fleisch- und Wurstwaren, die weitaus bekömmlicher sind als die Produkte, die die Großmarktketten anbieten. Das Schlachthaus ist »gläsern«, jedermann weiß, wie hier die Wurst produziert wird, man hat nichts zu verbergen. Übrigens wurden zehn zusätzliche Arbeitsplätze geschaffen.

Für die Zukunft ist vorgesehen, alte Bemühungen zur Wiederbelebung und zum Ausbau der stillgelegten Kleinbahnstrecke neu aufzunehmen. Ein attraktives Transportangebot könnte den zwischen Wohnort und Großstadt pendelnden Arbeitnehmern erlauben, sich entspannt dem Frühstück oder Abendimbiß zu widmen, statt Zeit, Nervenkraft und Benzin auf überfüllten Zufahrtsstraßen zu vergeuden.

Frau S. hofft, daß überall kleine regionale Wirtschaftskreisläufe entstehen, die die großen zentralen Strukturen ablösen und das einheimische Handwerk wie die bodenständige Landwirtschaft neu beleben. Eigenbeteiligung kann auch die eigene Verantwortung in der Gesamtgesellschaft fördern, »damit wir uns nicht länger nur am Verdienst orientieren. Damit wir wieder lernen, auf lebensverträgliche Weise zu wirtschaften, ausgerichtet an elementaren Bedürfnissen aller Beteiligten, der Menschen, der Tiere und der Pflanzen sowie unter Berücksichtigung von Boden, Gewässern und Luft«, erklärt sie.

Gewiß – diese Frau ist mit besonderem Initiativgeist ausgerüstet und hat immer wieder Menschen für die Durchsetzung des als richtig Erkannten gewinnen können. Aber wie oft waren die Umstände widrig, die Beziehungen festgefahren, die Mentalität ihrer Partner blockiert in Resignation oder auch in erklärter Gegnerschaft. Sie sagt, es seien »ländliche« Tugenden, die da vonnöten seien und anderen vorgelebt werden müßten, und sie nennt Geduld, Ausdauer, Stehvermögen, Verläßlichkeit, Instinktklarheit. Man müsse sich einen langen Atem leisten können und die eigenen Grenzen im Auge behalten. Ländliche Tugenden? Vielleicht, weil sie sich fast alle aus der Erfahrung mit Wachstumsprozessen herleiten lassen. Beton jedenfalls kennt kein Wachstum. Beton ist Endergebnis, ein für allemal fertig, tot. Wir wollen leben?

I.K.S.

»... aber du kannst ein Licht anzünden ...!«

Kennengelernt habe ich Salome Luz zufällig bei einem
Fest. Wir kamen ins Gespräch, und sie erzählte mir von
ihrer Arbeit mit Flüchtlingen und von ihrer Ausbildung.
Nach den Jahren, in denen ihr Leben als Mutter und
Hausfrau ausgefüllt gewesen war, sei es ihr gar nicht
leichtgefallen, den Schritt zu wagen und etwas Neues
anzufangen. Aber sie findet, es habe sich gelohnt. Seit
Mai arbeitet sie in Neuchâtel in einem Projekt mit
Flüchtlingen. Zusammen mit einer Sozialarbeiterin leitet
sie eine Gruppe von zwölf Flüchtlingen. Die Sozialarbei-
ter werden immer wieder mit dem Problem konfrontiert, daß die Flüchtlinge den Weg in die Selbständigkeit
nicht finden und wieder zur Fürsorge zurückkommen.
Da ist die Idee entstanden, diese Leute in einer Gruppe
zusammenzubringen und mit ihnen gemeinsam Wege
für ihr Leben in der Schweiz zu finden. Das Projekt wird
vom Bundesamt für Flüchtlinge unterstützt und finanziert.
Die Gruppe besteht aus zehn Männern und zwei Frauen.
Sie kommen aus der Türkei, dem Iran, aus Vietnam und
Kolumbien. Die meisten sind zwischen fünfundzwanzig
und fünfunddreißig Jahre alt, ein Mann ist neunundfünf-
zig. Insgesamt stehen hundertzwanzig Stunden für das
Projekt zur Verfügung. Die Gruppenleiterinnen versuch-
ten, diese Stunden auf einen möglichst langen Zeitraum
zu verteilen, allerdings so, daß trotzdem eine gewisse
Kontinuität gewährleistet ist. In den ersten beiden Monaten traf sich die Gruppe dreimal pro Woche; dann
wurden die Intervalle zwischen den Treffen etwas länger.
Es war nicht leicht, die Leute dazu zu bringen, regelmäßig teilzunehmen. Immer wieder fehlte jemand, und

zwar immer mit guten Gründen. Salome Luz erzählt mir, was das für Gründe waren: Jemand hatte die Nachricht erhalten, daß ein Angehöriger in der Türkei im Gefängnis ermordet worden war – da ist klar, daß dann der Besuch der Gruppe nicht mehr wichtig ist. Ein anderer hörte, daß ein Verwandter neu in der Schweiz eingetroffen ist. Da geht es vor, ihn zu besuchen und ihm zu helfen.

Salome Luz sagt, wie bedrückend es ist zu hören, was diese Menschen für Lebensgeschichten mitbringen. Die meisten sind gezeichnet von unsäglichem Leid. Sie wurden in ihrer Heimat politisch verfolgt, manche inhaftiert, manche gefoltert. Einer ihrer Männer kam mit achtzehn Jahren ins Gefängnis und saß bis zu seinem dreißigsten Lebensjahr. Jetzt ist er in der Schweiz, doch er kann sich im Alltag nicht zurechtfinden. Es wird nun versucht, ihm jemanden zur Seite zu stellen, der ihn tagsüber begleitet, in der Hoffnung, daß er mit der Zeit lernt, seine Tage selbständig zu gestalten.

Die Schwierigkeiten fangen natürlich mit der sprachlichen Verständigung an. Eine neue Sprache, die sich so stark von der Muttersprache unterscheidet, ist schwer zu erlernen. Es braucht unendlich viel Zeit, um auch nur einfache Dinge zu erklären. Und wann wird es gelingen, daß jemand bereit ist, über seine/ihre Erfahrungen zu erzählen und das Erlebte zu verarbeiten?

Salome Luz erzählt, daß sie sich nach einiger Zeit zu fragen begann, ob die Sprachschwierigkeiten nicht vielleicht damit zusammenhängen, daß die Flüchtlinge eine Art Schutzmechanismus entwickelt haben. Sie hatte den Eindruck, daß etwas sie wie ein Filter gegen fremde

Einflüsse abschirmt und daß sie eigentlich noch ganz und gar in der Kommunikation mit der alten Umwelt festgehalten sind. Sie wollte abklären, ob ihre Vermutung zutraf, und so wurde für die Gruppe ein Test entwickelt, bei dem Erstaunliches zum Vorschein kam. Die Testbilder zeigen, daß die Mitglieder durch die traumatischen Erfahrungen, die sie gemacht haben, in ihrer Wahrnehmung behindert sind. Zum Beispiel ist ihr Gehörsinn verletzt worden, so daß es für einige nicht möglich ist, Unterschiede in der Lautstärke oder der Sprachmelodie festzustellen. Um wenigstens etwas von der früher bestandenen Hörfähigkeit zurückzuholen, müßte ein intensives Hörtraining gemacht werden.

Tatsächlich hat Salome Luz mit ihrer Kollegin erreichen können, daß Mitglieder der Gruppe an einem solchen Training teilnehmen konnten, wenn sie wollten. Freilich nützt es nur, wenn der Kurs ganz regelmäßig besucht wird; und selbst dann gibt es keine Garantie dafür, daß sich die Wahrnehmung auch wirklich verbessert.

Mir drängt sich die Frage auf, wie Salome Luz selber mit solchen Schwierigkeiten, die sich in ihrer Arbeit doch immer wieder zeigen, zu Rande kommt. Noch nie, sagt sie, habe sie eine Arbeit getan, die sie so vollständig, Tag und Nacht, beschäftige. Die sie immer wieder nach Möglichkeiten suchen lasse, an die Leute heranzukommen, sie zu motivieren. Die Arbeit mit der Gruppe läßt sich nie genau planen oder so durchführen, wie sie geplant wurde. Immer wieder gibt es Unvorhergesehenes, auf das sie eingehen muß. Salome Luz und ihre Kollegin stecken viel Energie in die Arbeit hinein, aber es gibt in dem Sinn keinen »Erfolg« zu verbuchen, Fortschritte sind schwer meßbar. Wenig kommt von den Flüchtlingen zurück – kann überhaupt zurückkommen.

Als Gruppenleiterinnen legen sie immer mehr Gewicht darauf, daß die Mitglieder ihre eigenen Bedürfnisse erkennen und formulieren lernen. Ein Bewerber in einer Fabrik etwa hat viel mehr Chancen, wenn er genau sagt, was er für Fähigkeiten anbieten kann. Selbst wenn er nicht gleich eingestellt werden kann, vielleicht wird man sich später an ihn erinnern ...

Ein weiteres Ziel ist, den Teilnehmern Mut zu machen, eigene, alltägliche Erfahrungen einzubringen. Dazu brauchen die Leiterinnen viel Feingefühl und Intuition. Immer wieder muß erspürt werden, was jetzt gerade für die einzelnen sinnvoll ist. Aber wie schwer ist es, sich in sie einzufühlen. Die kulturellen Bedingungen in ihren Heimatländern sind oft nur wenig bekannt und auch zu fremd. Es ist oft nicht nachvollziehbar, warum sich jemand gerade so verhält, wie er/sie es eben tut.

Das Projekt steht vor dem Abschluß. Für Salome Luz ist klar, daß man jetzt mindestens noch zwei Jahre weiterarbeiten müßte. Immerhin wurde für die Mehrzahl der Teilnehmerinnen und Teilnehmer eine Möglichkeit gefunden, eine einfache Grundausbildung zu absolvieren, Kenntnisse in Französisch und Mathematik zu erwerben. Das kann als Grundlage für eine spätere Lehre dienen.

Marianne Bühler

»Unterwegs für das Leben«
Im Gespräch mit Aline Jung und Annelise Fehrholz,
zwei »Unterwegs-Frauen«

»Tote Fische schwimmen mit dem Strom – lebendige dagegen«, sagt ein Sprichwort. Ich habe den Eindruck, die »Unterwegs-Frauen«, wie sie ihre Bewegung selbst abkürzend nennen, sind ungemein lebendige Fische. Begonnen hat es 1983, als Frauen aus der badischen Landeskirche sich buchstäblich zu Fuß »auf den Weg machten«, um in Genf bei der amerikanischen und bei der russischen Botschaft einen Brief mit sechsundvierzigtausend Unterschriften abzugeben. Darin wurde – um des Lebens der gegenwärtigen und der zukünftigen Generationen willen – der Verzicht auf die Stationierung der Pershing- und Cruise Missile-Raketen in Europa verlangt.

Seither haben sie jedes Jahr einen Weg nach Bonn ins Verteidigungs-, ins Wirtschafts- oder ins Umweltministerium oder auf die Hardthöhe unter die Füße genommen. Ein knappes Jahr vorher wird eine Route festgelegt, die dann meist von Süddeutschland aus durch etwa acht bis fünfzehn Gemeinden führt. Ausgewählt werden Orte, die in der Nähe von Industriezonen oder Militärstützpunkten liegen, die die Lebensweise der Einwohner besonders beeinträchtigen. Im Sommer trifft ein zumeist kleines stabiles Grüppchen von zehn bis fünfzehn »Unterwegs-Frauen«, denen sich je nachdem fünfzehn bis zwanzig Begleiterinnen für einen oder mehrere Tage anschließen, nach einer Fußwanderung in einer der verabredeten Ortschaften ein und begibt sich ins Gemeindehaus oder in die Kirche. Die Pilgerinnen wollen mit der ortsansässigen Gemeinde einen Gottesdienst feiern, um gemeinsam zu hören, zu singen, zu beten, zu schweigen und um anschließend darüber zu beraten, auf welche Weise Volksvertreter und Öffentlichkeit informiert werden müssen über problematische Auswirkungen, über Leiden und über Mißstände, die in ihrer Umwelt entstanden sind.

Ganz deutlich verstehen sich die »Unterwegs-Frauen« als Menschen, die auf das Wort Gottes hören wollen. Ihr Pilgerweg hat eine prophetische Dimension: Sie selbst lassen sich aus ihrem Alltagsleben, aus Familie, Haushalt und Beruf herausrufen auf einen Weg, der viele Unbekannte enthält: Wie wird die jeweilige Gemeinde sie aufnehmen? Mißtrauisch oder gleichgültig, offen oder verschlossen, erwartungsvoll oder resigniert? Wie wird der Pfarrer, wie der Bürgermeister reagieren? Sollten Christen sich nicht besser aus der Politik heraushalten – und warum mischen sich da ausgerechnet Frauen ein?

In Erinnerung wird die Erfahrung bleiben, die die »Unterwegs-Frauen« in einem Jahr in einem Vorort von Frankfurt gemacht haben – einem Ort, der Anfang des Jahres wegen mehrerer Unfälle im nahen Chemiekonzern Schlagzeilen gemacht hatte. Nachdem die giftigen Gase ausgetreten waren, war es wie immer: Alles wurde als völlig harmlos hingestellt, bis zwei Tage danach plötzlich Gummistiefel und Pelerinen an die Einwohner verteilt wurden, bis Bäume und Sträucher abgehauen, große Quader Mutterboden abgetragen wurden; selbst der Belag auf dem Asphalt wurde abgehobelt. Diese Maßnahmen beunruhigten die Bewohner nicht nur, sondern machten sie auch stumm und verzweifelt. Dann, Monate später, als die »Unterwegs-Frauen« kamen, wollten sie nicht mehr davon sprechen. Sie wollten nicht erinnert werden. Schließlich verdankten sie der Firma ja auch ihre Arbeitsplätze, ihre Siedlung ...

Zur Begrüßung der eintreffenden Pilgerinnen kamen zwar zwei Frauen mit Kaffee und Kuchen. Und der Pfarrer hielt eine Andacht, aber ohne jeden Bezug zur aktuellen Lage. Gleich darauf verabschiedeten sich die Frauen. Privatquartiere wurden nicht zur Verfügung gestellt. Einige Frauen übernachteten dann im Gemeindesaal auf Matratzen, die dort zufällig vorhanden waren. Andere fanden Unterkunft in einer Pension.

Am folgenden Morgen brachen sie auf. In einem Garten arbeitete eine Frau. Mit der kamen sie ins Gespräch. Sie machte ihren Gefühlen Luft und rief ihnen dann nach: »Ihr müßt wiederkommen! Es ist wichtig, was ihr tut!«

Ganz anders wurden die«Unterwegs-Frauen« von Bürgern im Nachbardorf aufgenommen. Dort wartete man offensichtlich darauf, ihnen unmittelbar Erlebtes ins Reisegepäck mitzugeben. Das sollten sich die Zuständigen einmal anhören: daß die Mutter erst aus der Zeitung erfahren hatte, daß ihre Tochter jenes Kind mit dem höchsten Schadstoff im Urin war, und daß man bis heute – nach Monaten – noch nicht wußte, was für Auswirkungen das haben könnte. Aber würde so etwas in Bonn überhaupt »ankommen« – die persönliche Leidensgeschichte einer Familie? Was konnten die »Unterwegs-Frauen« schon erreichen!

Tatsächlich müssen sie immer darauf gefaßt sein, so wie seinerzeit vom Referenten des damaligen Innenministers Zimmermann eingeschätzt zu werden: »Ach, das ist so'n Hausfrauenverein – mit denen bin ich gleich fertig!« – Vielleicht hat er sich auch verschätzt?

Andere Gesprächspartner suchen sich der Frauen auf subtilere Weise zu »entledigen«. Sie wappnen sich mit einer Fülle von Einzeldaten, die unbequeme Fragestellungen »fachwissenschaftlich« einordnen und damit auch einebnen und die den Eindruck erwecken sollen, als habe man über alles schon nachgedacht und als habe man alles in der Hand. Oder es wird wie in einem Gespräch mit Vertretern der Bundeswehr erklärt: Man sei nicht dazu da, nachzudenken und zu diskutieren, sondern um Befehle auszuführen! Ein Referent des Planungsstabs aus dem Geschäftsbereich des Verteidigungsministeriums bekannte, daß man sich bisher noch keine Gedanken über eine friedliche Ausbildung der Soldaten gemacht habe. Denn »da würde ja die Welt vom Kopf auf die Füße kommen« (!).

Allerdings, weil sie ganz bewußt auf ihren Füßen stehen in einer Welt, die auf den Kopf gestellt ist, sind die »Unterwegs-Frauen« unbequem, auch wenn ihre Methode ganz einfach ist: Sie selbst lassen sich von Maßstäben des gesunden Menschenverstandes leiten und fragen z. B. danach, welche Einstellung der/die Betreffende zu einem Problem persönlich hat.
– Wie ist es Ihnen im Krieg ergangen?
– Wollen Sie, daß Ihre Kinder die Sorte von Waffen, für die Sie zuständig sind, gebrauchen?
– Wenn Sie die Waffen, die Sie produzieren, gar nicht ausprobieren wollen, wieso werden dann immer neue hergestellt? Ich backe doch auch nicht dauernd Kuchen ohne die Absicht, ihn dann zu essen!
– Macht man eine Situation nicht erst möglich dadurch, daß man sie ausprobiert?
– Wie kann die Bevölkerung in der Pfalz wirksam vor einer Giftgaskatastrophe geschützt werden, wenn Sie selbst die Lagerung dieser Gifte für völlig unzureichend halten?
– Wie können Sie den Ausbau von Atomreaktoren befürworten, wenn doch Felder in der Nähe von Atom-

kraftwerken nachweislich radioaktiv belastet sind?
Wir erinnern daran, daß die Landwirte nach dem
Tschernobyl-Unfall ihre Erzeugnisse unter die Erde
pflügen mußten. Aber es hat niemand weiter nach
den Schäden gefragt, von denen der Erdboden und
das Grundwasser betroffen wurden.
– Durch Genveränderung sollen Pflanzen gezüchtet
werden, die resistent gegen Herbizide sind. Der Gebrauch der Herbizide wird dadurch ja aber gerade
gefördert. Es gelangen also noch mehr Giftstoffe ins
Grundwasser. Zudem weiß man doch noch viel zu
wenig über die Wirkung, die die Veränderung von
Erbgut in Pflanzen und Tieren auf den gesamten
Ökohaushalt hat.

Erstaunlich, daß die »Unterwegs-Frauen« von manchen
als naiv idealistisch hingestellt und abgewehrt werden,
aber daß man doch unruhig und nervös reagiert, wenn
sie auftauchen. So wie im August 1986, als sie am Kern-
kraftwerk in Fessenheim/Neuf Brisach im Elsaß eine
Andacht halten wollten. Etwa vierzig Frauen, Männer
und Kinder waren von der deutschen Seite hergekom-
men und wurden nun von einem Aufgebot schnell ange-
forderter Gendarmen in Uniform und in Zivil beobachtet und kontrolliert. Schon tags zuvor hatte man im
Kirchenbüro angerufen und sich erkundigt, ob es wahr
sei, daß die Frauen »nur« einen Gottesdienst feiern wollten. Unglaublich erschien, daß sie nur beten, singen und
schweigen würden. Die Gemeindesekretärin lud die
Gendarmen zur Teilnahme ein. Aber es kam keiner, statt
dessen wurden die Personalien und Fahrzeugpapiere der
Teilnehmer aufgenommen. Man konnte ja nicht wissen...
Gewaltlos, mit Liedern, Bibelworten und Gebet an das
Leben erinnern – das erschien, das erscheint als höchst

gefährlich, wenn man dahinter die elementare Widerstandskraft erahnt!

Ich glaube, die »Unterwegs-Frauen« sind stark, weil sie keine Taktik anwenden, weil sie nicht als Moralpredigerinnen auftreten, weil sie spüren, daß die Qualität des Miteinander-Sprechens beeinträchtigt würde, wenn Partner sich durch Anklagen in die Ecke gedrängt fühlen und nur noch darauf aus sind, sich zu verteidigen, statt auf die vorgebrachten Argumente zu hören und einzugehen. Die »Unterwegs-Frauen« sprechen ja als Betroffene und möchten Betroffenheit auslösen. Sie sind nicht abhängig vom Erfolg. Darum lassen sie sich auch nicht davon abhalten, jedes Jahr wieder neu das Pilger-Sein für einige Tage auf sich zu nehmen und zu erfahren, was es kostet an Entschlossenheit, an Mut, an Durchhaltekraft und an Aufbruch, und zwar Auf-Bruch im wörtlichen Sinn: Aufbruch des eigenen und des fremden Gewohnten, zur Gewohnheit Gewordenen, Aufbruch ins Unvorhersehbare, aber vor allem Aufbruch zum Leben.

I.K.S.

125

Kinderdemonstration

Im Jahr 1987 wohnten wir mit unseren zwei Söhnen in einem sogenannten »Gelände«, einem Stück Kirchenland, auf dem Wohnhäuser und Diensthäuser in enger Nachbarschaft standen. Aus diesem Nebeneinander entsprang mancher Konflikt, weniger wegen der Häuser, sondern wegen der unterschiedlichen Interessen der Bewohner bzw. Diensttuenden. Da waren zum einen die dienstlichen Erfordernisse: Sie sahen vor, die Wege ausschließlich als Dienstwege zu benutzen, also als Fußwege. Auf einem großen Teil der Wiese wurde ein Baustofflager – damals in der DDR ein kleines Heiligtum – eingerichtet, ein weiteres Stück diente als Kohlenlager – ebenfalls ein Schatz, denn so konnte man die billige Sommerkohle günstig auftürmen. Zur weiteren Attraktion des Geländes gehörte eine KFZ-Werkstatt, in der die Dienstfahrzeuge liebevoll umsorgt wurden. Zum anderen waren da die Wünsche der Kinder, die im Gelände wohnten. Es lebten damals fünf Familien mit Kindern und vier Familien ohne Kinder dort. Die Wege ideal zum Dreirad- und Fahrradfahren, das Baustofflager herrlich zum Verstecken, die Rohre zum Durchgucken, Mauern aus richtigen Ziegelsteinen. Es gab täglich Neues zu entdecken, wenn, ja wenn eben die Erwachsenen nicht ständig gestört hätten. Acht Hausmeister walteten ihres Amtes, außerdem liefen ständig »Dienstliche« hin und her. Ausgerechnet dann, wenn der Ball von der Wiese ins Baulager rollte, erschien eine dieser Personen ... Als der verbleibende Teil der Wiese gesperrt wurde, damit das Gras ungestört wachsen konnte, reichte es den Kindern.

Ich nahm ein emsiges Treiben wahr: Zusammenstehen, Diskutieren, laute Auseinandersetzungen, Treffen in unserem Wohnzimmer, Schreiben auf großem Papier, einer diktiert, einer schreibt, andere ergänzen. Ich wurde um Verschwiegenheit gebeten – das alles lassen sie sich jedenfalls nicht mehr länger gefallen, schließlich sind sie viele, und wichtiger als Rohre sind sie allemal, und der Papi hat in seinem Zimmer das Plakat stehen, jetzt werden die schon sehen, so was machen wir auch!

Zur Erklärung: Mein Mann, Pfarrer, nahm an der Abschlußkundgebung des Olaf-Palme-Marsches in Dresden teil, zum ersten Mal mit selbstgefertigtem ungenehmigtem Plakat.

Er erzählte dann zu Hause, wie schwierig es war, mit diesem Plakat zu laufen, ständig abgedrängt von roten Fahnen, gleichzeitig voll Stolz, es gewagt zu haben, dabeigewesen zu sein. Zur Erinnerung stand das Plakat in seinem Arbeitszimmer.

Jedenfalls stand für die Kinder fest: Am Sonnabend, dreizehn Uhr dreißig wird es eine Demonstration im Gelände geben – für die Rechte der Kinder auf einen Spielplatz.

Der Sonnabend: mein Mann und ich mit widersprüchlichen Gefühlen hinter dem Fenster, die Kinder, zwölf, im Alter von zwei bis elf Jahren, in den Händen Kochtöpfe und Kochlöffel zum Krachmachen oder Plakate: »Wir wollen einen Spielplatz.« So ziehen sie von Haus zu Haus, machen Lärm, zeigen ihre Schilder, voller Begeisterung! Höhepunkt: Klingeln beim »Leiter«. Was wird passieren? Es öffnet seine verwunderte Frau, sie ruft ihren Mann. Dieser, ebenfalls erstaunt, hört sich an, was die Kinder ihm zu sagen haben, verspricht ihnen, daß er sich für sie einsetzen will, die Schilder möchte er gerne behalten, und den Lärm sollen sie abstellen, weil ja um diese Zeit die Leute eigentlich schlafen wollen.

Unsere Kinder kommen strahlend nach Hause. »Der Leiter hat gesagt, wir kriegen einen Spielplatz, ju-hu!«

Nachspiel: am Montag bitterböse Blicke für uns, Worte wie: »Die gehören alle ordentlich verprügelt – bei *den* Eltern ist nichts anderes zu erwarten« haben sich mir tief eingeprägt. Man ging davon aus, daß wir die Kinder zu dieser Demonstration angestiftet hätten. Was sollten die Leute nun über unser Gelände denken? Wenn das rauskommt – eine Demonstration von Angehörigen der Kirche!

Nach zwei Wochen erhielten wir und die anderen Eltern einen Brief, sehr amtlich: »... daß ich dieses Verfahren zur Durchsetzung von Wünschen mißbilligen muß und hoffe, daß sich ein solches Vorkommnis nicht wiederholt. Wenn Sie Anliegen an mich haben, stehen Ihnen dafür – wie allen Mitarbeitern – die geordneten Wege zur Verfügung. Gleichzeitig teile ich Ihnen mit, daß ich die Hauptabteilung Recht und Allgemeine Verwaltung gebeten habe, in Zusammenarbeit mit unserem Beauftragten für Gesundheits-, Arbeits- und Brandschutz zur geordneten und ausgewogenen Nutzung unseres Grundstücks zu arbeiten ...«

Wir luden die anderen Eltern ein, schrieben einen Antwortbrief, in dem wir erklärten, daß die Initiatoren der Demonstration allein die Kinder waren, wir ihr Anliegen aber im nachhinein unterstützen, gleichfalls die Eigeninitiative sehr wichtig finden.

Daraufhin erhielten die Kinder auch einen Brief, in dem sie zu einer Zusammenkunft eingeladen wurden. Man bewirtete sie, ein Mitarbeiter machte ihnen die Bedeutung der Dienststelle und die Wichtigkeit des geordneten Arbeitsablaufs deutlich. Die Kinder fühlten sich ernstgenommen, mit ihrem Anliegen verstanden. Ein

Teil der Wiese wurde als Kinderspielplatz ausgewiesen. Stolz und glücklich feierten sie mit Limo und »Engerlingen« ein Fest.
Ich möchte gern die Kopie eines Briefes der Kinder beifügen, das Original fand ich beim Ausleeren der Hosentaschen vor dem Waschen ...

Heidemarie Arendt

Liebe Eltern

Wie ihr sicher schon an unserer Demonstration gemerkt habt wollen wir mehr Platz zum Spielen. Denn: Alles ist verboten! Hier zähle ich alles auf, was wir nicht dürfen: ..., Pavilion, Fischteiche, Knochenköle, alter Trabi, der verschrottet wurde, die Autokarossen, die Anhänger, der Weg zur ... vor die Werkstadt, die Autowerkstadt r Wiesen, Baulagen. Grottentor, Krach dürfen wir nicht machen, Da kommt noch so einiges dazu! Jeder verbietet etwas anderes! Der Sinn dieses Schreibens ist, wenn alle Erwachsenen Eltern mit Kindern unterschreiben, dann gehen wir mit diesem Plakat zu Herrn ... und Herrn ... und legen ihnen den Zettel vor. Da gemeine an der Sache ist auch wenn andere Kinder etwas ausrecken müssen wir dafür büßen. Wir kommen uns ... wie Karnickel im ... Stall, kommen uns vor als seien die Erwachsenen etwas besseres als Kinder. Gäb's keine Kinder, gäb's keine Menschen! Auch Kinder werden mal Erwachsen. Drei - vier junge Hausmeister haben Verständnis + für uns deshalb nahle ich sie aus.

Steffen Spitzname = Kohle
Köchi -''- = Moped
Jens -''- = Schinken

Wer auf unserer Seite steht kann unterschreiben:

129

Das Alter tragen

»Was is'n das für'n Mumienverein«, fragt der Lehrling den Oberkellner. Der gibt zurück: »Gar kein Mumienverein, mein Lieber, das sind Leute, die sich tragen!« Gemeint war unsere Versammlung von ungefähr sechshundert alten Leuten. Wir waren früher einmal aktiv in der Jugendbewegung und möchten auch im Alter noch erkennen lassen, daß wir geprägt sind und weiterhin »bewegt« bleiben wollen von ihren Ideen. Einmal im Jahr treffen wir uns unter einem gesellschaftspolitisch aktuellen Thema zu Vorträgen. Daneben musizieren, tanzen, malen, singen wir und erfreuen uns an allem, was Spaß macht, gemeinsam zu tun. Unsere Reihen sind licht geworden, unser Durchschnittsalter ist um die Siebzig, mehrheitlich sind wir Frauen am Leben geblieben, viele Witwen, aber auch Alleinstehende. Trotzdem sind die Männer nicht gerade zu übersehen. Ich glaube, wir alle empfinden dankbar, daß wir noch da sind. Denn jedes Jahr vermissen wir wieder jemanden.

Ich war durch Krankheit auch schon ein paarmal verhindert, zum »Freideutschen Konvent« zu fahren. Aber dann konnte ich doch immer wieder dabei sein. Für mich ist das wie eine Vitaminspritze, die mir Auftrieb gibt. Und ich glaube auch, das hat mir den Elan gegeben, positiv auf eine Anfrage zu reagieren, die aus der Nachbarschaft und aus der Gemeinde kam: Ob ich als ehemalige Deutschlehrerin Lust hätte, mit ein paar Frauen Bücher zu lesen, die man eigentlich gelesen haben sollte. Das war zu einer Zeit, als ich meinen schwerkranken Mann nur stundenweise allein lassen konnte. Das Leben sah damals ziemlich bedrückend für mich aus; beim Konvent wurde mir das erst richtig bewußt. Und darum sagte ich vielleicht auch zu.

Es handelte sich um Frauen meines Alters, aber auch um jüngere, im Alter meiner Kinder. Ziemlich schnell erwies es sich als hilfreich, die beiden Altersgruppen zu trennen, und so ist es bis heute noch, seit mehr als zehn Jahren – von einigen längeren Unterbrechungen abgesehen. Die Jüngeren bevorzugen Dichtungen und Dokumentarliteratur mit moderner Problematik und zeitgeschichtlichen Bezügen. Häufig haben sie im Geschichtsunterricht zu wenig von der nationalsozialistischen Vergangenheit Deutschlands erfahren. Mit dieser Thematik beschäftigten wir uns daher eine lange Zeit. Wir begannen mit Golo Manns autobiographischem Roman: »Eine Jugend in Deutschland«, der vielleicht gerade deshalb so geeignet war, weil er lange vor der eigentlichen NS-Zeit ansetzt und so die gefährlichen Entwicklungen verstehen hilft.

Ich konnte daran anschließend in voller Offenheit von meinen eigenen Erfahrungen damals berichten: von eigenem Versagen, Wegsehen, von Anpassung, Verhaltensweisen, die wir uns fast alle zuschulden haben kommen lassen. Daneben konnte ich auch erzählen von Kontakten zu Widerstandskämpfern, die wir kannten, und von meiner Mitarbeit in der Bekennenden Kirche.

Einige Teilnehmerinnen waren durch frühkindliche Fluchterlebnisse oder durch Ausbombung, manche wegen ihrer Abstammung selbst vom Nationalsozialismus betroffen. Dadurch sind wir in sehr persönliche Gespräche geraten. Damit alle mitreden können, versuche ich meistens einen Bezug zur Gegenwart herzustellen. Ich glaube, das ist durchaus legitim, sich von der Literatur anregen zu lassen, politische und soziale Probleme der Gegenwart zu bedenken. Dabei bekomme ich selbst viele Anregungen.

Ebenso wie mit den jüngeren Frauen treffe ich mich mit den mir ungefähr Gleichaltrigen im Abstand von zwei bis drei Wochen. Die Jüngste ist Anfang siebzig, alle bringen also selbsterlebte Kriegserfahrungen mit. Mit Ausnahme von einer, die als Landarztfrau laufend in der Praxis mitgearbeitet hat, war keine berufstätig. Diese Frauen können es sich leisten, Konzerte und Vorträge zu besuchen. Übrigens sind sie viel rezeptiver eingestellt als die Jüngeren. Von mir erwarteten sie zunächst im wesentlichen Vorträge über die von allen gemeinsam gelesenen Bücher. Rundgespräch und Diskussion lagen ihnen fern, und sie gewöhnten sich nur zögernd an diesen Stil und wagten es, selbständig zu reden.

Ich habe auch die Erfahrung gemacht, daß ich bei ihnen mit dem Vorschlag, Literatur über den Nationalsozialismus und über die Nachkriegszeit zu lesen und zu besprechen, sehr vorsichtig umgehen mußte. Mehrere haben den Verlust von ihren Vätern und Brüdern erlebt, einige die Zeit der Gefangenschaft ihrer Männer nur schwer verkraftet, da sind noch nicht verheilte Wunden. Im Verlauf der Jahre wurde unser Gespräch aber immer lebhafter, einige äußerten ausdrücklich den Wunsch, sich über die Lektüre mit den brennenden Fragen der modernen Welt auseinanderzusetzen. Vor kurzem schlugen die Teilnehmerinnen von sich aus vor, einmal Werke von Autoren aus der »Dritten Welt« kennenzulernen. Und dabei stehen wir jetzt also ...

Beide Kreise helfen mir, besser mit den kleinen und größeren Einschränkungen und Gebrechen, die mein hohes Alter mit sich gebracht hat, umzugehen. Die Vorbereitung auf die Gespräche, die Treffen bei mir zu Haus oder in der Wohnung einer Teilnehmerin beschäftigen mich, sie »tragen« mich über manche Unbill hinweg. Ich muß mich auf den Lesestoff konzentrieren, ich muß mir gute Fragen und Impulse für das Gespräch ausdenken, auch wenn es oft ganz anders läuft, als ich vorausplane. Alles lebendige Geschehen läßt sich nicht im vorhinein ausdenken, und trotzdem ist die Vorarbeit gut, auch das Nachdenken darüber, was ich als nächstes Werk vorschlagen will.

Wenn ich nach unseren Treffen wieder allein in meiner Wohnung bin, dann gehen die Gespräche noch lange mit mir. Ich muß jedesmal wieder denken, daß ich die Hauptgewinnerin der Sache bin. Ich bin ausgeglichen und zufrieden, und ich glaube, das überträgt sich auch auf andere.

Edelgard v. Strube

Was für ein Leben! – Was für ein Leben?
Im Gespräch mit Schwester B.,
Franziskanerin vom Göttlichen Herzen Jesu

»Wir möchten in dieser Sache nicht weiter belästigt werden«, hatten die Eltern an den Heimleiter geschrieben, der einige Wochen nach dem Tod ihres Sohnes ein letztes Mal versucht hatte, Kontakt aufzunehmen. Die Eltern, die Familie, die Freunde hatten ihn schon längst sich selbst überlassen. Er war es schließlich gewesen, der sein Leben von dem ihren abgeschnitten hatte. Und auch, als er im letzten Stadium seiner schweren Krankheit, die ihn in das Hospiz für Aidskranke gebracht hatte, nach ihnen verlangte, war keiner gekommen. Er starb ohne sie und wurde ohne sie begraben.

Stellvertretend war sie eingesprungen, Schwester B., die mit vierzehn Jahren in ihrer Gemeinde das Karfreitagsgedächtnis so intensiv erlebt hatte, daß sie sich entschloß, schwesterlich an der Seite von heute niedergeworfenen Menschen mitzuleiden. »Ich habe auf allen Stationen meines bisherigen Lebensweges deutlich Gottes Führung erlebt«, erzählt sie. Nach der Entscheidung für den geistlichen Weg erschien ihr die Begegnung mit den »Franziskanerinnen vom göttlichen Herzen Jesu« nicht mehr als Zufall, sondern als ein persönlicher Anruf an sie. Und ebenso hat sie die Aufgaben, die ihr dann als Schwester gestellt wurden, verstanden. Sie lernte Säuglingspflege und ließ sich später als Gemeindekrankenpflegerin ausbilden. Während längerer Jahre leitete sie die Sozialstation in zwei süddeutschen Städtchen. Schwere Erkrankungen, Träume ließen sie immer wieder nach ihrer eigentlichen Berufung fragen. Und dann trat plötzlich die Oberin an sie heran mit der

Bitte, sie möge darüber nachdenken, die Leitung des Hospizes zu übernehmen. Der Orden hatte einen Landgasthof gekauft und plante ihn umbauen zu lassen, um aids- und suchtkranke Menschen in ihrer letzten Lebensphase betreuen zu können.

Es war Schwester B., als ob sich mit dieser Aufgabe erfüllen sollte, was sie als Jugendliche ahnungsweise als Auftrag empfunden hatte. Sie sagte zu und hat seit der Eröffnung des Hauses 1991 mehr als siebzig Menschen auf ihrem Weg bis zum Tod begleitet.

Ein vergleichsweise kleiner Mitarbeiterstab von elf Personen ist für die einundzwanzig Frauen und Männer, die von der örtlichen Sozialfürsorge »überwiesen« werden, da. Während der vier bis sechs Monate »Verweildauer« versuchen sie eine Lebensgemeinschaft zu werden, das Pflegepersonal und die Patienten, eine Gemeinschaft, die der/dem Einzelnen das zuteil werden läßt, was sie/er am nötigsten braucht. In allen Formen der Begegnung, in der medizinischen, therapeutischen Betreuung, bei der Essenausgabe, während des Aufräumens im Zimmer geht es immer wieder um die Erfahrung: Ich bin akzeptiert, wie ich bin, mit allem, was ich erlebt und nicht erlebt, was ich getan und was ich versäumt habe.

Es geht also um das Selbstwertgefühl, das bei den meisten im Laufe des Lebens verlorenging oder überhaupt nie ausgebildet werden konnte.

Wichtig ist dabei, daß die Menschen, die die Kranken umgeben, lernen, eigene Vorurteile abzulegen, zuzuhören und zu verstehen. Sie müssen sich selbst und den Kranken Zeit lassen, Raum lassen. Wer von den Patienten es noch kann, soll reden dürfen; aber die Freiheit zu schweigen besteht ebenso. Gefühle dürfen geäußert werden und treffen auf Resonanz. Es gibt nicht: zu schmutzig, zu übertrieben, zu ungewohnt, zu unnormal. Da wird jemand spontan in den Arm genommen, weil er verstanden wird und das auch direkt erfahren soll. Aber Zuwendung ist nicht an Bedingungen geknüpft, sie muß nicht verdient, muß nicht zurückgezahlt werden. Nicht nur die Kranken sind die Empfangenden. Nicht nur sie lernen, Vertrauen zu sich selbst zu gewinnen und ein neues Verhältnis zu ihrer Umwelt aufzubauen. Nicht allein sie kommen an Verdrängtes, Verschüttetes wieder heran. Auf die eine oder andere Art gilt dasselbe für die Pflegenden. Auch sie lernen neu fühlen, was Leben ist, was Leben sein kann, unmittelbar und frei von moralischen Maßstäben, die in der Welt üblich sind. Wie viele Ängste bleiben oft unter der Oberfläche versteckt und bestimmen menschliches Verhalten! Hier kommen sie an den Tag, begünstigt durch die besonderen Lebensumstände der Schwerkranken, die sich dem Tod stellen müssen. Da gilt kein Ablenkungsmanöver, keine Scheinfreundlichkeit. Da sind auch die Betreuenden mit sich selbst konfrontiert. »Hier muß ich mir bewußt machen, was ich selbst für Sehnsüchte und Gefühle habe, wie ich zum Beispiel mit meiner eigenen Sexualität umgehe. Unsere Patienten spüren, wie wir es meinen, sie fordern uns zu unbedingter Ehrlichkeit heraus, sie halten uns einen Spiegel vor«, sagt Schwester B. Sie habe noch nie soviel im Leben geweint wie in der Zeit hier. Tränen des Mitleidens, angesichts der Schicksale ihrer Patienten, angesichts der schier unglaublichen Verwundungen, die ihnen zugefügt worden sind. Und angesichts der Sehnsucht, der Suche nach Leben. Tränen darüber, was Menschen fähig sind, einander anzutun – Tränen der Scham und zugleich der Dankbarkeit darüber, daß sie es soviel schöner gehabt hat. Tränen und die Frage: Warum hat es diese oder diesen getroffen, in solch ein Leben hineingeboren zu werden, womit hat sie selbst, Schwester B. es »verdient«, daß ... was wäre aus ihr geworden, wenn ...

Wie wenig wissen die Menschen über das Leben! Ganz eindringlich wird das, wenn sie Abschied nehmen muß, wenn sie ohnmächtig vor dem Tod steht. Da sind zwei Empfindungen zugleich da: Tröstlich ist, daß der/die Kranke wenigstens dies oder das bei ihnen hat erleben können, was er/sie so oft entbehrte oder gar nie kannte: Zuwendung, Gespräch, Verständnis. Vielleicht hat jemand eine schlummernde Möglichkeit in sich entdecken, zu einem Reifestadium noch hinwachsen können. Aber das Verlöschen am Ende kann keiner aufhalten. Und die Menschen im Hospiz bleiben immer wieder zurück mit ihrer Trauer.

Ein Stück Trennung kündigt sich in jeder Begegnung an. Schwester B. kann bei einem kranken Menschen sitzen und ihm mit Worten und Gebärden ausdrücken: Hab keine Angst; ich bin da, bei dir, für dich. Ich denke an dich, ich bitte für dich, und gleichzeitig weiß sie: Ich muß dich doch dir lassen, so wie ich mich mir überlassen muß. Weil jeder von uns sein eigenes Leben zu leben hat. Was für ein Leben?

Kraft für ihren schweren Dienst erfährt sie vor allem aus dem Gebet, aus dem Gespräch mit Gott. In der Kapelle gibt es eine Darstellung von Christus als Krüppel, ein »Schmerzensmann«, wie ein Aidskranker. Der bleibt immer da.

I.K.S.

IN DER
SONNE
LEUCHTEN

Aprilwiesen

auf den aprilwiesen,
überall,
wo du willst,
blüht
sonnenäugiger
löwenzahn,
unkraut,
widerständige
hoffnung,
vielleicht
unausrottbar?

Irmgard Kindt-Siegwalt

Mein buntes Haus

Häuser brennen in unserem Land; mitten unter uns, mitten im Frieden. Häuser, deren schützende Dächer Menschenleben möglich machen. Ich möchte erzählen vom Haus, in dem ich lebe, von meinen Nachbarn und vor allem von denen, die dieses Haus prägen, von den Frauen, die es hüten.

Es ist ein ganz gewöhnliches Mietshaus, sozialer Wohnungsbau, mitten im Berliner Wedding, dem »Roten Wedding«, wie er lange Zeit hieß. Und es steht an einer Stelle, wo 1945 der Krieg eine Lücke in eine Altbauzeile riß. Vor sieben Jahren ist dieses Haus als Neubau fertig geworden. Die hier einzogen damals, waren zu einem großen Teil heimatlos Gewordene: Zugereiste, Übergesiedelte, jung und alt. Ein buntes Bild bietet der Blick auf die Namen der Hausbewohner unten, an der Haustür: Arabisch und Deutsch, Polnisch, Russisch, Türkisch, Vietnamesisch, sogar Indisch – das sind die Sprachen, die in unserem Haus gesprochen werden. Die Nachbarn untereinander reden zumeist deutsch, jeder so gut er/sie kann. Mit Bewunderung, fast Neid höre ich die Kinder mit größter Selbstverständlichkeit dolmetschen. Gerade die Kinder sind es, die auch uns Erwachsene zusammenwachsen lassen: Frau Müller begegnet mir vor ein paar Tagen. Sie hat Wolle gekauft. »Für ein Jäckchen«, sagt sie, »ich muß wieder stricken. Bei unseren Vietnamesen hat sich doch was Kleines angemeldet!«

Hinter unserem Haus versteckt, zur Straße hin nicht sichtbar, liegt ein kleines Gärtchen. Das gehört zu unserem Haus. Hundert Quadratmeter sind es; ein bißchen Rasen, ein paar Bäumchen, ein großer Sandkasten und ein kleines Klettergerüst für die Kinder... Efeu rankt sich an der Mauer zum Nachbargrundstück hinauf, eine kleine Idylle. Anfangs, kurz nach unserem Einzug hier, lag das Gärtchen still und verwaist. Dann kamen die ersten Kinder, erste Schrittchen an den Händen der Mütter. Und es wurden mehr und mehr Kinder, der Garten füllte sich mit Leben. Die kleine Bank reichte bald nicht mehr aus. Inzwischen haben viele Hausbewohner ihren Klappstuhl in den Hof gebracht, auch die Frauen ohne Kinder sitzen oft mit unten. In den Sommermonaten haben wir ganze Tage unterm Sonnenschirm verbracht mit Erzählen, Kaffeetrinken und Ausprobieren von Speisen, die jeder mit nach draußen brachte. Bei Regen schützt eine große Plastikplane unseren Tisch, und wir sitzen wie in einem Zelt. Wir – das sind die Frauen aus unserem Haus. Frauen, die für ihre Kinder da sind. Frauen, die einander helfen. Frauen, die das Haus hüten.

Wir reden miteinander. Über unsere Arbeit, über unsere Sorgen, über das, was uns freut. Über manche Angst reden besonders unsere türkischen Nachbarinnen, die im Alltag der Stadt immer wieder auf Vorurteile, auf Haß stoßen. Ayse war mit ihrer kleinen Tochter auf der Straße, als plötzlich eine Dame ihren Hund auf die beiden losließ. Ayse rief: »Nehmen Sie den Hund an die Leine!« Erbost kam die Antwort der Frau: »Wenn dir hier was nicht paßt, denn jeh doch dahin zurück, wo du jeboren bist!«
»Aber was soll ich denn in Krefeld?«
Dummheit, Ignoranz, kleine Gehässigkeiten im Alltag, nicht nur Ayse kann davon berichten. Das Darüber-Reden-Können erleichtert. Gemeinsam überlegen, was abhelfen könnte. Vielleicht das Wahlrecht für Ausländer? Wenigstens das kommunale, das ist doch längst überfällig.

Und so kommen wir zwischen Gesprächen über Kinder und Küche immer wieder auf Politik. Wir erfahren etwas über die Zustände in den Heimatländern der anderen; über Probleme von Tamilen in Sri Lanka, Kurden in der Türkei, Juden in Rußland. Daß in den Kinderheimen von St. Petersburg etappenweise spazierengegangen wird: zuerst die zehn Kinder, die Schuhe und Jacken haben. Dann ziehen die nächsten zehn die Sachen an und gehen hinaus. So lange, bis alle draußen waren.

Ich erzähle den andern von meiner Arbeit als Religionslehrerin in der Grundschule. Ayse und ihr Mann haben selbst in ihrer Kindheit den Religionsunterricht in Deutschland mitgemacht. Sie sagen, das hat ihnen gutgetan, und ihre eigenen Kinder sollen später auch mitmachen. Überhaupt kommt das Gespräch oft ganz von selbst auf religiöse Themen. Zum Beispiel, wenn Yasemin uns erzählt, warum sie sich viel wohler fühlt, wenn sie ihr Kopftuch trägt. Wie Korban bayram gefeiert wird, wie das mit dem Fasten ist und mit all den Festen des Jahres. Ein Beschneidungsfest haben wir zusammen gefeiert, auch die Namensgebung eines kleinen türkischen Mädchens im Familienkreis.

Miterleben, Erzählen, Austausch – einander kennen und verstehen lernen, in unserem Haus geschieht das. Auch einander beistehen, wenn eine krank ist, Kummer hat oder Hilfe braucht.

Manchmal sitzen wir auch nur einfach zusammen und spielen Karten oder würfeln. Doch fast nie an den Wochenenden. Da sind die Männer zu Hause, und der Sonntag gehört bei den meisten der Familie und den Verwandten.

Ich fühle mich wohl in diesem Haus. Ich mag seine Lebendigkeit und Freundlichkeit, dieses selbstverständliche

Miteinander. Trotzdem wäre ich vor zwei Jahren fast ausgezogen, weil ich eine viel größere und billigere Wohnung angeboten bekommen hatte. Als dann aber in letzter Minute doch nichts aus dem geplanten Umzug wurde, war ich gar nicht so traurig. Was mir hier ein liebes Zuhause geworden ist, hätte ich nur schweren Herzens aufgegeben. Meine deutschen Nachbarn hier auf der Etage, ein Rentnerehepaar aus der ehemaligen DDR, zeigten sich über mein Bleiben besonders glücklich.

»Wie gut, daß Sie nicht wegziehn«, sagte Frau P. »Mein Mann hatte schon Angst, hier würden womöglich wieder irgendwelche Ausländer reinkommen.«

»Wie bitte?« Ich war einen Moment erschrocken. Ich hatte von seinen Vorbehalten vorher nie etwas geahnt. »Was wäre denn so schlimm daran?« fragte ich, »wir haben doch 'ne prima Nachbarschaft in unserm bunten Haus!«

»Ach«, sagte sie, »er meint das nicht böse. Er kann sich nur nicht dran gewöhnen, es ist ihm so komisch. Und wenn er dann anfängt zu schimpfen, dann sag ich zu ihm: ›Nun hör aber auf, Herbert, wir sind doch Christen.‹«

Das ist nun schon eine ganze Weile her. Neulich aber klingelte Herbert plötzlich. Er brachte eine große Tasche warmer Winterkleidung, die seine Frau und er nicht mehr brauchen, und meinte: »Das können Sie mal den Russen geben, das ist für St. Petersburg!«

Ja, es war kalt geworden inzwischen. Zu kalt, um die gewohnten Treffs im Garten aufrechtzuerhalten. Wir fragten uns, wo wir statt dessen zusammensitzen können. Unsere Wohnungen sind viel zu klein für die ganze Runde. Ohne weiteres stellte Sabine ihren Keller zur Verfügung. Die Kinder schmückten die Wände mit ihren

Lieblingspostern und mit Selbstgemaltem. Jemand hatte noch eine alte Stehlampe. Ein Heizgerät wurde angeschlossen. Es war ein bißchen eng und muffig, aber irgendwie gemütlich.

Und dann geschah es. Irgend jemand aus dem Haus muß die Hausverwaltung angerufen haben. Alle Mitglieder erhielten ein Schreiben: »Aus gegebenem Anlaß wird darauf hingewiesen, daß der Aufenthalt in den Mieterkellern untersagt ist ...«

Zwei der Kinder sammelten Unterschriften für einen Antwortbrief, indem wir um die Erlaubnis baten, uns in dem einen Kellerraum treffen zu können. Wir verpflichteten uns, auf Sicherheit zu achten, kein offenes Feuer zu machen, ordnungsgemäß abzuschließen und gemeinsam für die Mehrkosten an Strom aufzukommen. Die Hausverwaltung würdigte uns keines weiteren Schreibens. Als wir telefonisch nachfragten, heißt es: Die Weisung sei eindeutig, und es gebe gesetzliche Bestimmungen ...

Daraufhin entwickelten die Männer im Haus die Idee, wir sollten den Bau einer Gartenlaube auf Kosten der Nutzer beantragen ...

Renate Wüstenberg

Die »Flotten Luzis«
Im Gespräch mit einer Mannheimer Frauengruppe

Der stechende Geruch der Papierwerke – einer von fünf
Großindustriebetrieben, die in diesem Mannheimer
Stadtteil angesiedelt sind, ist unverkennbar. »Da merkt
man doch wenigstens gleich, daß man wieder daheim
ist«, meint meine Begleiterin, die hier geboren ist und
nichts anderes kennt. »Bei uns stinkt's eh, da kommt es
auf ein bißchen mehr oder weniger auch nicht mehr
an!« Früher sei es noch viel schlimmer gewesen, und am
wichtigsten sei, daß Arbeit da ist und daß sie noch leben.
Zynismus, Überlebensstrategie, Resignation? Vielleicht
alles zusammen. Nichtsdestoweniger sind die Folgen der
Luftbelastung erheblich. Das Baumsterben im Käfertaler
Stadtwald ist ein unübersehbares Zeichen. Alarmierend
sind auch die ersten Ergebnisse einer Studie des baden-
württembergischen Gesundheitsministeriums, das die
Folgen der Luftbelastung für Kinder untersucht hat: Kinder in Mannheim sind deutlich anfälliger für Lungener-
krankungen, Asthma oder Bronchitis als Kinder in länd-
lichen Gebieten. Von 402 Mannheimer Viertklässlern
zeigte rund jedes zehnte Kind Hinweise auf eine mögli-
che Erkrankung der Atemwege. Jedes zweite Kind wies
Lungenwerte auf, die vom Sollwert deutlich abweichen.
Gänzlich gesund waren nur 31,5 Prozent der Kinder! Die
Ärzteschaft forderte daraufhin die Landesregierung auf,
sofort tätig zu werden, die Lebensbedingungen der
Mannheimer Bevölkerung zu verbessern.

Frau E. hat mich eingeladen, mit ihr zu kommen, um
am Abend die Frauengruppe kennenzulernen, die sie
seit elf Jahren in Luzenberg, einem Arbeiterviertel im

Mannheimer Norden, leitet. Eine von den Frauen ist auf den Namen »Flotte Luzis« gekommen. Flott sind sie allerdings, die zwanzig bis fünfunddreißig Frauen, die sich wöchentlich einmal im Gemeindesaal der Ev. Paulusgemeinde treffen und eine Stunde Gymnastik miteinander machen und danach noch bei Sprudel, Cola, Bier oder Wein zusammensitzen, um sich zu erzählen, was in der vergangenen Woche abgelaufen ist, das Alltägliche und das Besondere, alles, was im Leben der Arbeiterfrauen vorkommt.

Wichtigstes und unerschöpfliches Gesprächsthema sind Mann und Kinder. Der Mann »schichtet«; das bestimmt den Tagesplan, wann es Nachtessen gibt und wann man zum Schlafen kommt. Einige Frauen arbeiten auch selbst, allerdings meistens nicht wie die Männer in der Fabrik, sondern in kleinen Betrieben, in der Metzgerei oder in einem Schuhgeschäft, wenn es geht, nur halbtags; einige verdienen sich etwas als Reinemachefrau dazu.

Frau E. erzählt mir auf dem Weg, es sei gar nicht so einfach gewesen zu erreichen, daß der Mann erlaubt, daß seine Frau noch für zwei bis drei Stunden abends ausgeht, wenn er gerade nach Hause gekommen ist! Auf ihre Nachfrage habe er dann zugegeben, daß er selbst viermal in der Woche abends etwas unternimmt.

In den elf Jahren, die die »Flotten Luzis« beieinander sind, habe sich so manches entwickelt.

»Du hast uns unsere Frauen versaut«, haben die Männer zu Frau E. gesagt. »Sie folgen nicht mehr, sie haben ihren eigenen Kopf!«

Aber auch für Frau E. ist es nicht immer leicht, mit diesem »eigenen Kopf« zu rechnen, z. B. bei den Veranstaltungen, die die »Flotten Luzis« auf ihrem Programm haben: der Faschingsabend, zu dem sie die Gemeindeglieder einladen, wo man sich auf ein Thema einigen muß, bei dem alle mitmachen können. Oder das Frühlingsfest im Juni, wo außer Kuchen und Würstchen auch ungewöhnlichere Leckerbissen auf der Straße angeboten werden, und für das Spiele und Tänze zu organisieren und rechtzeitig einzuüben sind. Außerdem wird einmal im Jahr ein größerer Ausflug unternommen, und da ist dann zu entscheiden, wohin es gehen soll, nach Straßburg oder nach Trippsdrill. Die Luzis müssen sich darauf einigen, wieviel es kosten darf, damit jede, ohne sich zu genieren, mithalten kann. Bei allen Entscheidungsfragen scheint es hoch herzugehen, die eine will dies, die andere das. Wie soll Frau E. so viel Meinungen unter einen Hut bringen?

Sie bekennt freimütig, daß sie im Lauf der Jahre gelernt hat, solche Situationen immer »autoritärer« zu lösen. »Am Anfang hab ich natürlich über alles demokratisch abstimmen lassen. Aber das bringt nichts, und schließlich bleibt die Entscheidung ja doch bei mir, zumal wenn es Streit gibt, ob wir, wie die ›Oldies‹ wollen, in ein konservatives Stammlokal essen gehen und ein Schnitzel bestellen, oder ob wir mal was Neues, Ausgefallenes probieren und bei einem Ausländer einkehren sollen ... Jetzt mach ich's so: Ich mach' mir zunächst ein Meinungsbild, was die Jüngeren und was die Älteren wollen, danach schlag' ich vor – und die meisten finden das dann auch!«

Als ich an einem Mittwochabend die fünfundzwanzig schon versammelten Luzis zwischen siebenundzwanzig und dreiundsiebzig kennenlerne, kann ich mir vorstellen, daß da auch mal die »Fetzen fliegen«. Frau E. macht ihre Sache jedenfalls gut, deshalb wird sie wohl auch jährlich wiedergewählt. Sie hat Schwung, auch beim Turnen, das ihr selbst ein rechter »Angang« ist jedesmal, aber zu dem sie sich immer wieder durchringt, weil es guttut.

Zu Anfang des geselligen Teils nimmt sie ihre Liste vor und erinnert an den monatlichen Mitgliedsbeitrag von fünf Mark, der die Damen dann ja auch in die Lage setzt, etwas miteinander auszugeben. Sie organisiert mit Pfiff und kleiner List das gemeinsame Vorgehen, wenn es im Stadtteil ein Problem gibt. So z. B., als es darum ging, die Bürgerinitiative zu unterstützen, die von Mercedes-Benz verlangt hat, bei dem Bau des neuen Kupolofens wenigstens eine Dauermeßstation mit einzurichten, damit die Emission der Schadstoffe unter Kontrolle gehalten werden kann. Die Kindergärten lagen nämlich genau am Hauptausschlagpunkt der Schadstoffe, im Entfernungsbereich von dreihundert bis fünfhundert Metern!

»Wissen Sie«, sagt sie leise zu mir, »ich habe am Abend vorher alle angerufen, auch die, die nicht mehr in Luzenberg wohnen. Ich hab zu ihnen gesagt: Hört mal, da gehn wir morgen alle hin, und hinterher treffen wir uns noch bei X. Da gibt's ne Runde Bier frei!« Und da waren dann auch alle pünktlich da.

Pünktlich sind die »Flotten Luzis« vor allem, wenn es etwas Besonderes gibt, und wenn das Turnen dabei ausfällt, ist keine traurig.

An vier Abenden haben sie vor kurzem große Puppen für Waisenkinder in Rwanda genäht. Eine Luzi hatte im »Mannheimer Morgen« die Anzeige gelesen, den Aufruf einer Frau zu der Puppenaktion. Am Mittwoch hatte sie den andern Damen davon erzählt, die beste Näherin der Gruppe hatte gemeint: »Das ist unsere Sache, ich schneide euch zu, kauf das Material und helfe euch!« Sechzig Negerpuppen haben die Luzis hergestellt. Sie fanden allgemeine Bewunderung, jemand von der Zeitung kam und fotografierte die Puppen und ihre stolzen Schöpferinnen.

Im Lokalteil der Zeitung ist schon öfter von ihnen die Rede gewesen, und das mit Recht. Es mag mehrere Gründe dafür geben, daß die »Flotten Luzis« eine relativ stabile Gruppe sind. Gewiß auch deshalb, weil sie eine dynamische Anführerin haben, die ihre Sache gern und mit Begeisterung macht. Außerdem gibt es in diesem Stadtteil sonst keine entsprechenden Angebote, schon gar nicht für Frauen. Luzenberg hat so gut wie überhaupt keine Infrastruktur. Läden, Einkaufszentren, Kinos, Arztpraxen – alles liegt in der Stadt. Viele Häuser sind um die Jahrhundertwende gebaut, in den neuen Sozialwohnungsblocks gibt es einen hohen Ausländeranteil, darunter dreißig Prozent Türken. Die Luzis haben vor zwei Jahren beim Straßenfest im Juni einmal versucht, türkische Spezialitäten anzubieten und türkische Musik aufspielen zu lassen. Das lockte die ausländischen Nachbarn auch wirklich an. Sie kamen in Scharen. Aber als der letzte Ton der Musik verklungen war, waren auf einmal alle verschwunden, und die Luzis blieben auf ihren Leckerbissen sitzen.

Auf dem Rhein, der die Ostgrenze von Luzenberg bildet, lagen einmal zwei Asylantenschiffe vor Anker. Aber die Fremden bleiben weitgehend unter sich. Sie führen ein so anderes Leben! Sie dürfen ja nicht arbeiten, dafür hängen sie den ganzen Tag herum und machen höchstens den jungen Mädchen Augen. Die Einheimischen sehen aber nicht, »daß die wie im Hühnerstall sitzen müssen«, wie Frau E. sich ausdrückt.

G. ist Eriträerin. Sie hat es geschafft, eine »Flotte Luzi« zu werden, eine anerkannte Asylantin, deren Mann in den politischen Wirren ums Leben kam und die mit ihrem kleinen Sohn nach Deutschland geflohen ist. Der Pfarrer hat sich bei Frau E. gemeldet und gefragt: »Könntet ihr G. nicht in eurer Gruppe aufnehmen? Sie ist ganz allein hier, sie hat nichts und braucht dringend Boden unter den Füßen.«

Die Kirchgemeinde erklärte sich bereit, eine Wohnung für G. anzumieten, und Frau E. hat den Luzis beim wöchentlichen Treff in warmen, werbenden Worten von G.s Schicksal erzählt. Das Ergebnis war: Alle brachten irgend etwas Nützliches aus dem eigenen Haushalt mit, und damit fing die Freundschaft an. Aber, betonen die Frauen, G. sei ja auch immer ruhig und bescheiden und habe sich nie vorgedrängt. G. sei nicht so wie die anderen. Nicht nur, weil sie inzwischen fließend Mannheimerisch spricht und eine feste Arbeit gefunden hat, ist sie bei den Frauen beliebt. Was war das für ein Spaß, als sie mit einer deutschen Luzi beim Faschingsfest als richtige Haremsdame auftrat!

Eine Luzi hat vor zwei Jahren einen Türken geheiratet. Natürlich haben die Luzis die Hochzeit und inzwischen auch die Taufe des kleinen R. mitgefeiert. Stolz wird mir am Abend ein Fotoalbum gezeigt, in dem alle wichtigen Ereignisse dokumentiert sind.

Auch leidvolle Erfahrungen gibt es in der Gruppe zu verkraften, viele Frauen sind in den elf Jahren Witwen geworden. Eine Frau hat einen krebskranken Mann zu Hause, eine andere wurde nach monatelangem Aufenthalt aus dem Krankenhaus entlassen.

Ich erlebte, wie eine Frau zum ersten Mal nach längerer Abwesenheit wiederkam. Plötzlich übermannt es sie, und sie fängt an zu weinen. Da höre ich, wie eine Nachbarin sich zu ihr wendet und sagt: »Hör zu, Alice, du därfsch dich nit vergräme, du wirsch's schaffe, s'kommt mit de Zeit. Die annere ha'ms au'gepackt, guck dir G. an! Klar, kommsch näxscht' Woch' mit zum Weihnachtsesse, un wenn d' flenne musch, weinsch halt, un dann hörsch au' widder uff. Versteh mich recht, jeder hat Probleme!«

Tatsächlich faßt sich Alice wieder; vielleicht weil sie hier weinen durfte und weil die Luzis jede so nehmen, wie sie gerade ist, weil der flotte Schwung auch zarte Töne kennt.

I.K.S.

153

Nachhilfe?

Nadine ist ein ruhiges, ernstes Kind von sieben Jahren und besucht meine zweite Klasse. Sie kann sich gewählt ausdrücken und hat eine auffallend gute Allgemeinbildung. Dennoch sind die schulischen Leistungen schwach. Die berufstätigen Eltern kamen aufgeregt zu mir. »Kennen Sie jemand, der Nadine Nachhilfe in Deutsch und Mathematik erteilt?«

Diese Eltern merkten in einem Gespräch, daß ihr Kind Zuwendung braucht, Zeit zum Gedankenaustausch. Da der Vater selbständig ist, ließ sich ein Modus finden, und so sitzt Nadine nicht immer den ganzen Nachmittag in der Boutique der Mutter. Vor allem der Vater hat entdeckt, welche Freude es macht, gemeinsam mit der Tochter zu spielen, die Eisenbahn aufzubauen, spazierenzugehen. Und das Kind kann lachen und hat auch Erfolgserlebnisse beim Lernen und Arbeiten in der Schule – ohne Nachhilfestunden.

Heidi Mailänder

Das neue Haus in der Altenpflegeschule
Meditation

Jedes Haus, das wir betreten,
ist ein Ort, den wir – für kurz oder lang –
wieder verlassen, an den wir aber auch
zurückkehren können,
bis es einmal zum letzten Mal sein wird.
Häuser gehören zu unserem Leben,
auch wenn sie nicht uns selbst gehören.

Ein Haus zur Verfügung zu haben, bedeutet:
Geborgenheit, Wärme, Sicherheit, Schutz.
Ich habe ein Dach über dem Kopf,
das mich vor Regen und Stürmen schützt.
Ich habe Mauern um mich herum,
die mich vor fremden Blicken verbergen,
in denen ich Ruhe suche
und Stärkung für neue Taten.
In den vier Wänden ist eine – meine – Welt,
von der ich geprägt werde,
die ich aber auch mitgestalte.

Ein neues Haus zu betreten, bedeutet:
Entdeckung und Besinnung,
Freiheit und Bindung.
Ich kann unbekannte Räume durchschreiten,
sie wahrnehmen,
mich in ihnen einrichten oder sie wieder verlassen.
Ich bin frei, Türen zu öffnen,
um andere hereinzulassen – geladene
und ungeladene Gäste.
Ich bin ebenso frei, Türen zu verschließen,
um mich zurückzuziehen mit mir selbst.

Und ich bin gebunden,
denn Räume, in denen gelebt wird,
wollen gepflegt sein.

In einem Haus zu sein, vermittelt
Lebensstil und Lebensgefühl,
Einsicht und Weitsicht.
Ich kann »mich fühlen«,
wohl oder nicht,
kann eigenen Wünschen, Erinnerungen
und Träumen
Platz machen,
aber auch Begegnungen einfädeln,
Beziehungen knüpfen,
Liebe weben.

Wenn ich die Fenster öffne,
lasse ich Sonne und die Geräusche der Welt herein,
kann von meinem Standpunkt aus
den Blick in die Weite schweifen lassen,
dabei ferne Perspektiven aus
notwendiger Entfernung
betrachten,
um sie ganz erfassen zu können.

In einem Haus kann ich froh und traurig,
einsam und glücklich
sein und machen.
In einem Haus bin ich »zu Hause«.
Doch gibt es auch das:
Ich kann in einem Haus und dennoch unbehaust sein.
Und ich kann ohne Haus zu Hause sein: bei mir selbst,
bei Menschen und bei Gott.

Wer die Lebens-Erfahrung eines Hauses kennt,
kann für andere zum Zuhause werden.
Meine offene Tür ist eine Einladung:
Schwellen zu überschreiten nach drinnen und draußen,
Abgrenzungen aufzugeben,
Fühler auszustrecken.
Offene Türen ermutigen,
auch wenn sie nur einen Spaltbreit geöffnet sind.
Frischer Wind weht herein,
manchmal auch Zugluft.

Wo Menschen nicht gegen-einander,
sondern mit-einander leben,
bauen sie gemeinsam an einem Haus.
»Seid selbst wie Steine eines Hauses.
Seid selbst wie lebende Steine«,
haben die ersten Christen in einem Gottesdienst
zueinander gesagt (1. Petrus 2,4.5).
Laßt euch einbauen in ein Haus, das entsteht,
wenn Menschen gemeinsame Interessen,
Motive und Ziele
haben und füreinander sorgen,
weil sie den kostbarsten aller Steine kennen:
Jesus Christus.

Schülerinnen der Altenpflegeschule Landau

Refugium

Der kleine Hinweis in allen Aufzügen ist kaum zu übersehen. Schon durch seine Regenbogenfarben fällt er dem Besucher wie den Patienten, den Ärzten und dem Stationspersonal ins Auge: ein bunter Vogel, der sich in die klare, hygienische Funktionalität des Offenburger Kreiskrankenhauses verirrt zu haben scheint. Was hat ein Refugium, also ein Zufluchtsort, mit einem Krankenhaus zu tun?

Neugierig beschließe ich, genauer nachzuforschen, und da meine Krankheit mir freie Bewegung auf dem ganzen Gelände gestattet, steige ich schon am zweiten Tag meines Krankenhausaufenthaltes im vierten Stock aus dem Aufzug und gehe den kleinen Schildern nach. Am Ende eines Ganges finde ich die Aufschrift: REFUGIUM an einer Tür. Ich klopfe an, ein freundliches Herein, und dann kommt die große Überraschung: ich stehe in einem Zimmer, das nichts, aber auch gar nichts mit den umliegenden Kranken- und Behandlungszimmern gemeinsam hat. Bunte Vorhänge an den Fenstern, in abgeteilten Nischen hübsche Kiefernholzmöbel, eine bequeme Sitzecke, zwei niedrige Sekretäre mit breiten Schreibplatten, Bücherregale, dazwischen leuchtende Bilder, ein Spieltisch quer zum Raum, bunte Kissen und überall grüne und blühende Pflanzen – wirklich ein Raum zum Sich-Wohl-Fühlen!
Während ich all das mit meinem Blick aufnehme, hat sich mir eine Dame genähert, die mich freundlich begrüßt und gern bereit ist, meine interessierten Fragen zu beantworten. So erfahre ich, daß das Refugium vor etwa einem Jahr von Offenburger Frauen eingerichtet

worden ist. Vierundzwanzig Mitarbeiterinnen wechseln sich für den ehrenamtlichen dreistündigen Dienst am Nachmittag und Abend zwischen vierzehn und einundzwanzig Uhr ab; vier Frauen haben sich zusätzlich bereit erklärt, auszuhelfen oder einzuspringen. Das Refugium sei als Pilotprojekt gedacht, eine Aufenthalts-, Kommunikations- und Zufluchtsstätte für Patienten und Besucher, die sich aus der zwar nicht unfreundlichen, aber doch sterilen und unpersönlichen Atmosphäre der Krankenzimmer heraussehnen. Von dem Angebot werde unterschiedlicher Gebrauch gemacht; je nach Krankheitsfall und Wetterlage kommen manche Besucher gern am Nachmittag, andere eher gegen Abend. In diesem heimeligen Raum finden sie einen Menschen von »draußen«, eine neutrale und doch ganz zugewandte Gesprächspartnerin. Sie können über Kopfhörer Musik hören oder lesen, spielen oder basteln. Je nach der Stimmung und Laune, in der jemand ist, gibt es hier Bücher, die einen ablenken, aber auch solche, die Herz und Seele »neue Nahrung« geben. Wer Lust hat, kann spielen; und für diejenigen, die keine Worte finden, um ihre Situation zu beschreiben und zu bewältigen, kann das Malen ungeahnte Hilfe sein.

Für manche ist der Aufenthalt im Refugium einfach eine Abwechslung für die langen und oft einsamen Stunden eines Krankenhaustages. Gelegentlich gibt es hier wohl auch einen Schluck Tee aus hübschem Geschirr – eine wohltuende Alternative zu dem reichlich fließenden Getränk aus der Maxithermoskanne auf Station ... – wirklich: »ein Teil der ›gesunden, normalen‹ Welt« mitten im Krankenhaus!

Marieluise Geiger

Ein »zweites« Leben
Im Gespräch mit Karin Czechanowski-Mengel

Nicht auf den ersten Blick, aber auf den zweiten versteht man, daß die Entscheidung von Karin Czechanowski-Mengel, mit sechsundvierzig Jahren noch das Studium der Kunstgeschichte aufzunehmen, ihre Wurzeln durchaus in ihrer früheren Tätigkeit als Landwirtin hat. Und ebenso innerlich angelegt ist vielleicht die Entdeckung des eigenen Künstlertums: Sie ist Malerin und Bildhauerin geworden. Die inneren Räume, die sie heute darstellt, sind spürbar aus der Begegnung mit erlebten Räumen der Natur, der Landschaft herausgewachsen.

Von einem hinterpommerschen Gut kam sie als Zweiundzwanzigjährige nach dem Krieg in den Westen – die Wahrnehmung der Weite hat sie mitgebracht, das Auge für kräftige Farben ebenso wie für Pastelltöne. Bäume in charakteristischer Formation sind immer präsent auf den Bildern, Bäume, durch die der Sturm fährt, Einzelexemplare, deren Kronen Gegenbild der Wurzeln sind. »Die Weite kommt aus den Wurzeln«, sagt sie – und das gilt vielleicht auch für sie selbst als Mensch: eine große, schmale Frau mit markanten Gesichtszügen und einer lieben und doch sehr bestimmten Stimme. Sie schließt die Augen und urteilt souverän, ohne Beschönigungen. Sie habe es in ihrem Leben nicht leicht gehabt, schon durch den Krieg und die schwere Zeit danach, als sie einen neuen Anfang finden mußte. Furchtbar war, daß der einzige Sohn während der Militärzeit tödlich verunglückte.

Sie bekennt sich als eine tief im Landleben Verwurzelte und spielt auf die alten gutherrschaftlichen Traditionen an, das Miteinander mit den einfachen Leuten auf dem Gutshof, das An-einem-Strang-Ziehen, weil jeder wußte, wofür er/sie da war, und daß alle aufeinander angewiesen waren. Während sie von ihrem Gut erzählt, weht ein fast schon vergessener patriarchal-matriarchaler Hauch herüber, Fürsorglichkeit und Verantwortlichkeit. Konservativer Geist in bestem Sinne, wie selbstverständlich gegründet im christlichen Glauben. Der hat Karin gestärkt und gehalten in den schwierigen Zeiten, als ein größerer Haushalt mit drei Kindern zu bewältigen war. Wie viele Frauen in ihrer Lage mußte sie zunächst auf eigene Wünsche, sich weiterzubilden, verzichten. Erst als die Kinder aus dem Haus waren, konnte sie nach sich selbst fragen und neue Wege beschreiten.

Sie arbeitet hauptsächlich als Bildhauerin, gegenwärtig an einem afrikanischen Speckstein, und holt aus ihm kleine und große meditative Figuren heraus. Ich habe den Eindruck, als führe sie ein dauerndes Gespräch mit dem Steinblock, den sie bearbeitet. Und dann wartet sie geduldig darauf, welche Gestalt er sich in ihr entwirft. All ihre Figuren – ob sie Konkretes widerspiegeln oder abstrakte Konstruktionen sind – haben für mein Empfinden etwas sehr Weibliches. Und wohl nicht von ungefähr fallen ihr Worte von Rilke ein:»Der Stein muß aus dir selbst erspürbar sein ...« In anderem Zusammenhang sagt sie:»Wir sind dazu da, an uns zu arbeiten und immer wieder neu zu lernen, mit dem Leben achtsam umzugehen!«

Sie hat diese Botschaft in ihrem Leben zu verschiedenen Malen eingelöst. Damals, als sie nach einer landwirtschaftlichen Ausbildung nach dem Tod des Vaters das

Gut übernehmen mußte und den ganzen Hof, die Forstwirtschaft, die Lohnverwaltung allein bewerkstelligen. Dann, nach der Flucht, um sich als Arzthelferin den Lebensunterhalt und Geld für das Landwirtschaftsstudium verdienen zu können. Aber vor allem, als sie spürte: Ich darf in meiner Trauer nicht steckenbleiben, ich muß etwas tun für mich. Ich muß nachholen, was ich an Kultur verpaßt habe.

Sie war beinahe daran, sich ein Zimmer in der Universitätsstadt zu nehmen, um konsequenter lernen zu können, bis sich – wichtiger noch als die Möglichkeit, einen weiteren Hochschulabschluß zu erwerben – die Ausbildung zur Malerin und später zur Bildhauerin nahelegte. Da war sie schon in den Fünfzigern – jetzt ist sie Anfang siebzig. Und immer noch fährt sie zu den Kursen ihrer ehemaligen Lehrer und lernt hinzu, überprüft, schaut neu und noch einmal anders hin und findet das Geschaute wieder im Stein, in Ölbildern, in Radierungen.

Und wir, die Betrachter, die Freunde finden sie wieder: ruhig, konzentriert, gelassen, stark und zärtlich zugleich.

I.K.S.

Schönheit und Freude an Gott

Du hast mich gefragt, wie es kommt, daß Frauen, die in einer klösterlichen Gemeinschaft leben, so bewußt Wert auf den äußeren Ausdruck des Glaubens legen. Dir waren bei uns die vielen Blumen und Ikonen aufgefallen, überall der Sinn für die farbliche, ja die rhythmische Anordnung der Gegenstände, die uns umgeben, das Licht in der Kirche, Bücher, Bilder und Möbel in den Zimmern. Selbst die Tischdekoration: die Schüsseln nicht irgendwo hingestellt, wo es Platz hat, sondern alles bewußt gestaltet, vielleicht sogar: komponiert.

Die Stimme wird zwar nicht betont gedämpft, der Schritt nicht extra verzögert, und doch wird alles zurückgenommen, was sich hervortun könnte. Es ist alles eher leise und unaufdringlich, aber gleichzeitig doch klar darauf ausgerichtet, daß die Sinne die Schönheit wahrnehmen können.

Du vermutest richtig. Hauptaufgabe und -tätigkeit unseres Lebens ist das Gebet. Dabei bilden Körperliches und Geistiges eine Einheit, und jede Erscheinung des Lebens fordert uns auf, das Lob Gottes anzustimmen, anzubeten ...

Du könntest auch sagen, daß Blumen und Ikonen, daß Gebärden und Gesten, Stimme und Bewegung der »äußere« Ausdruck unseres Betens sind, des Gebets, das immer und überall stattfindet, im Gottesdienst und in allen kleinen Einzelheiten des täglichen Lebens. Denn alle Verrichtungen und Begegnungen des Alltags geschehen im Geist des Gebets, sie werden von ihm durchwirkt, ja verwandelt. Was wir in die Räume, in denen wir leben und beten, hineintragen, das prägt sie. Dies gilt sowohl im symbolischen wie im direkten Sinn für den persönlichen und den gemeinschaftlichen Lebens- und Gebetsraum.

Das Gebet als gemeinsames Geschehen ist Ordnung, Ausrichtung auf Gott hin. Für den Gebetsraum heißt das: Die Anordnung der Sitzplätze, die Freiräume, die Kerzen, die Blumen, die Ikonen, das Kreuz haben ihre Wichtigkeit und ihren je eigenen Dienst innerhalb dieser Ordnung. Es ist wie bei einem Orchester: Jedes Instrument hat seinen bestimmten Platz und seine genaue Aufgabe innerhalb des Ganzen; alle und jedes halten sich an die gemeinsame Partitur. Auch die Improvisation hält sich an die Grundregeln, um in der Harmonie mit den anderen zu bleiben. Der gleichbleibende Rahmen des liturgischen Ablaufs ermöglicht es, sich in die jeweilige Schwingung hineinnehmen zu lassen, sich einlassen zu können auf das, was jetzt gerade meinem Beten Halt oder Farbe oder Klang gibt. Und an den Tagen, an denen man nicht so gut mitschwingen kann, bleiben die Zeichen und erinnern daran, daß man trotz allem hineingenommen ist in den großen Stromkreis des unaufhörlichen Gebetes der sichtbaren und der unsichtbaren Kirche.

Schönheit im Dienste des Gebets ist mehr als Ausdruck guten Geschmacks oder ausgeprägter Ästhetik. Ein technisch vollendetes Blumenarrangement kann wohl schön sein, aber es strahlt vielleicht nicht so viel unmittelbare Freude an Gott aus wie einige Feldblumen in einem alten Zinnkrug, aus denen die Farben der Ikonen entgegenleuchten.

Auch ein manchmal miserabler und dünner Gesang kann einer Seele guttun, kann sie trösten und aufrichten. Gebärde und Tanz als Elemente des Gottesdienstes sind in der westlichen Kultur wie eine lange vernachlässigte Pflanze noch nicht so weit gediehen, daß wir sie bei uns regelmäßig einsetzen können. Einige wenige Gesten, hauptsächlich zu den Gebeten der Eucharistie, haben gut Wurzel gefaßt und sind fester Bestandteil jeder Feier. Lieber wenig und dafür aus der Tiefe. Denn eine Geste, wenn sie zur Trägerin des Gebets werden soll, braucht eine lange Reifezeit, bis man ganz in ihr ist und sie ganz aus einem selbst kommt. Wenn nicht, gibt es eine leere Bewegung, genauso leer und bedeutungslos wie manche Worte.

Damit sind wir bei der Sprache. Der Weg zu einer angemessenen liturgischen Sprache, die die Schöpfung wahrnimmt und die Erfahrungen heutiger Menschen einschließt, ist noch weit. Wie das neue Bewußtsein oder die neue Gesellschaft wächst auch eine neue Sprache nur sehr langsam und braucht behutsame Pflege. Es braucht Zeit, bis eine sich wandelnde Bewußtseins- und Empfindungsebene »zur Sprache« findet. Und da sind wir, zusammen mit vielen anderen, auf der geduldig-ungeduldigen Suche. Doch weil Sprache nur das ausdrükken kann, was wir hören, müssen wir vielleicht noch länger ganz tief in uns hineinhorchen, um die Klänge aus der alt-neuen Schöpfungsquelle zu vernehmen.

Eine Schwester von Grandchamp

ZUR FRUCHTBARKEIT REIFEN

Ein Lebenstraum erfüllt sich

»Hast du dir das auch wirklich gut überlegt? Du hast
hier eine bezaubernde Wohnung, eine Gemeinde, in der
du dich wohl fühlst und in der du gebraucht wirst, und
nicht zuletzt die vielen Freunde, die dich vermissen werden – und die Jüngste bist du ja auch nicht mehr, von
den gesundheitlichen Beeinträchtigungen mal ganz abgesehen ...«

Sie hatten ja alle so recht, die besorgten und wohlmei-
nenden Freunde und Verwandten, die mich mit diesen
und ähnlichen Hinweisen »zur Vernunft« bringen wollten. Es stimmte ja, daß mir in Stuttgart nichts zu einem
ausgefüllten und bequemen Leben fehlte und daß ich in
Freiburg noch keine Freunde hatte und mir meinen Lebensraum völlig neu würde gestalten müssen ...

Es war ja richtig, daß die Aussicht auf einen möglichen
Neuanfang eine Rechnung mit lauter Unbekannten war.
Würde ich eine Wohnung finden, die nicht nur schön
und groß genug, sondern auch bezahlbar war?
Würde ich neue Menschen kennenlernen, die eines Ta-
ges Freunde werden könnten?
War der Traum von Freiburg als Alterswohnsitz nicht in
Wirklichkeit die Illusion, mit einem Ortswechsel und
Neubeginn dem Alter ein Stück weit entfliehen zu kön-
nen – eine Seifenblase also, die angesichts der Realität
zerplatzen würde?

Andererseits – kann sich die Seele so irren? Sollte das
Heimweh nach dieser Stadt und dem sie umgebenden
Schwarzwald, das mich in all den Jahren seit dem Stu-
dium nie verlassen hatte, auch nur eine Illusion gewe-
sen sein?
War es nicht auch eine positive Herausforderung, noch

einmal neu anfangen zu können? So alt war ich ja schließlich auch wieder nicht. – Und daß man sich selbst einsetzen muß, um menschliche Kontakte zu knüpfen, das hatte ich im Lauf meines Lebens gelernt. Aber zum Glück gab es da auch ein paar gute Freunde, die mich verstanden und mich ermutigten.

Ich machte mir die Entscheidung nicht leicht. Anderthalb Jahre gönnte ich mir nach dem Abschied vom Berufsleben noch Bedenkzeit. Ich ging sogar vier Wochen in Klausur, um ohne Beeinflussung von außen mit mir zu Rate zu gehen. Dann war meine Entscheidung gefallen.

Am Samstag vor dem ersten Advent erschien meine erste Suchanzeige in der Zeitung, und voller Erwartung reiste ich in der folgenden Woche nach Freiburg. Oh, ich Ahnungslose. Wer interessiert sich schon vier Wochen vor Weihnachten für Wohnungssucher? Keine einzige Antwort erwartete mich. Aber so leicht war ich nicht zu entmutigen, und nach Weihnachten wurde die Sache ernst. Wohnung um Wohnung schaute ich mir an, aber die gesuchte war nicht dabei. Die eine war zu klein, die nächste zu teuer, eine dritte hatte nicht die nötigen Wände für meine Möbel, und wieder eine andere lag in der falschen Umgebung – bis ich eines Tages in meinem jetzigen Zuhause stand. Ich sah zwar schon beim ersten Rundgang, daß es wesentlich kleiner war als meine bisherige Wohnung; außerdem war die Einrichtung der Küche unpraktisch, und Nebenraum gab es auch kaum. Aber was ist das alles gegen Liebe auf den ersten Blick: Um mich herum war alles grün, selbst durchs Badezimmerfenster sah ich auf die geliebten Schwarzwaldberge, und die Zimmer waren voller Licht und Sonne! – Und so wurde der Umzug nun zum konkreten Faktum mit all den hunderttausend Dingen, die vorher zu überlegen und zu tun waren.

Manchmal verließ mich in diesen Wochen fast der Mut, aber dann kamen auch wieder zum rechten Zeitpunkt die nötige Kraft und freundliche Helfer. Und so ließ ich an einem strahlenden Tag im August Stuttgart hinter mir und zog in Freiburg ein.

Seither sind nun sieben Monate vergangen, und es erscheint mir gerechtfertigt, eine erste Bilanz zu ziehen. Natürlich hatte ich hier, anders als in Stuttgart, noch keine Hilfe beim Einzug. Aber ich stand ja nicht unter Zeitdruck und lernte dafür in dieser Zeit ganz besonders freundliche Handwerker kennen. Zwar ergriff mich während des Auspackens manchmal Panik, weil ich befürchtete, nie für all meine Habe einen geeigneten Platz zu finden, aber wann immer ich zum Fenster hinausschaute, in die Stadt fuhr oder spazierenging, wußte ich mit absoluter Sicherheit: Genau hier möchte ich leben – und das ist bis heute so geblieben. Inzwischen ist meine Wohnung eingeräumt, alles hat tatsächlich einen Platz gefunden, die Zimmer sind zwar immer noch klein, aber sie sind gemütlich, und ich fühle mich wohl.

»Und wie steht es mit Kontakten?« höre ich die kritischen Stimmen fragen. »Sehnst du dich nicht oft nach den Freunden in Stuttgart?«
»Nein«, höre ich mich antworten, »überhaupt nicht.« Ich nütze nämlich jede Gelegenheit, die Verbindung nicht abreißen zu lassen (und Gelegenheiten gibt es viele). Vor allem aber habe ich hier inzwischen schon eine ganze Anzahl neuer Bekannter, und mit ihnen wachsen mir auch ganz unerwartet neue Aufgaben zu: Da ist ein Italie-

nisch-Intensivkurs. Zunächst hatte ich ihn in der Volks-
hochschule nur belegt, um das in Stuttgart Gelernte
nicht zu vergessen. Mit der Zeit entwickelte er sich aber
zu einer ausgesprochen familiären Gruppe. Da ist nicht
mehr nur der Lernstoff, wir interessieren uns auch sonst
füreinander. Und vielleicht wird eines Tages auch die
ersehnte Reise in die Toscana Wirklichkeit!

Schon nach wenigen Stunden fühlte ich mich in einer
kleinen QI-Gonggruppe wohl. Ich hatte die Therapeutin
vor Jahren bei meinem Reha-Aufenthalt kennengelernt
und war erfreut, den Kontakt zu ihr hier wieder aufnehmen zu können.

Vor allem aber bin ich in meiner Kirchengemeinde zu
Hause. Schon beim ersten Gottesdienst dachte ich: Hier
gibt es Menschen, mit denen du dich gern unterhalten
würdest. Aber als Neuling war ich gehemmt. So schaute
ich erst einmal, was es an kleineren Gemeindekreisen
gab. Einer war dabei, dessen Zielsetzung mir besonders
einleuchtete: Es ging darum, Probleme unserer Gesellschaft anzupacken, nicht nur zu reden, sondern sich mit
Aktionen auch zu engagieren. In diesem Kreis ist es gerade zum Aufbau der »Freiburger Tafel« gekommen, die
Notleidenden gegen ein kleines Entgelt Lebensmittel anbieten will, die sonst in Großmärkten vernichtet würden, weil man sie im Handel nicht mehr absetzen kann.
Ebenso sind Aktionen im Blick auf die Entschuldung
der ärmsten Länder der Welt geplant.

Nachdem ich den ersten Schritt gewagt hatte, wuchs ich
schnell intensiver in die Gemeinde hinein. Nie hätte ich
anfangs zu hoffen gewagt, daß ich nach einem halben
Jahr schon so viele Gemeindeglieder mit Namen kenne
und auch selbst bekannt werde.

Nein, ich bereue es nicht, mir den Traum meines Lebens erfüllt zu haben. Im Gegenteil: Ich bin neugierig auf jeden neuen Tag und die Möglichkeiten, die hier noch auf mich warten!

Marieluise Geiger

Als Diakonisse im Feierabend

»Ein schwerwiegender Entschluß«, meinte jemand zu
meinem Eintritt ins Diakonissen-Mutterhaus. Nein, das
war es nicht. Mit dem Kriegsende 1945 war meine bisherige Tätigkeit beendet; ein guter Weg, unabhängig von
der ungewissen politischen Zukunft, tat sich auf: etwas
in jedem Fall Richtiges im Sinne des schönen Wortes
von Albert Schweitzer: »Mensch zu sein für Menschen,
die eines Menschen bedürfen.«

Das Mutterhaus wurde Heimat, der Weg lehr- und ab-
wechslungsreich. Und so ist es geblieben. Nach Vollen-
dung meines siebzigsten Lebensjahres konnte ich an den
»Feierabend« denken. Dieser tätige Ruhestand der Dia-
konissen entspricht dem einer Mutter und Großmutter,
wenn sie, von mancher Sorge und Verantwortung entlastet, in ihrer Familie und überall da aushilft, wo es er-
wünscht ist und begrüßt wird.

Damals, 1945, hat man über den Feierabend freilich
nicht nachgedacht, auch wenn man hörte: »Du bist versorgt fürs Leben in gesunden, kranken und alten Tagen.« Aber das bedeutete nicht viel. Erst jetzt zeigt sich,
welches Privileg die Geborgenheit in der Schwestern-
«Familie« ist, im Vergleich zu der Situation der unverheirateten oder der verwitweten Altersgenossinnen.
Meist hat das Ausscheiden aus dem Berufsleben für sie
einen tiefen Einschnitt mit sich gebracht. Manche sehen
sich bei den zunehmenden Altersbeschwerden auf fremde Hilfe angewiesen.
Für uns Schwestern ist der Übergang in den Feierabend
noch weniger, als es damals mein Eintritt war, ein
Bruch in der Lebenslinie. Denn er vollzieht sich flie-

ßend, je nach den Kräften und Neigungen einer Schwester. Und es kann sein, daß sie auf ihrem bisherigen oder auf einem anderen Arbeitsfeld mitarbeitet, oder daß sie anderen betagten Schwestern beisteht.

Für mich persönlich hat dieser Übergang eine besondere Form angenommen. Sie stellt eine Ausnahme von der Regel dar, und ich bin sehr dankbar, daß die Geschäftsführung unseres Hauses, vor allem natürlich die Oberin, meinem Wunsch entsprochen hat. Meine Schwester und ich hatten uns immer gut verstanden und manchen Urlaub gemeinsam verbracht, waren aber seit unserer Jugend getrennte Wege geführt worden. Darum hatte sie vorgeschlagen, daß wir jeweils die halbe Zeit im Jahr gemeinsam in ihrer Wohnung in Deutschland bzw. auf Reisen verbringen und ich die übrige Zeit im Jahr meine bisherige Arbeit im Mutterhaus fortsetze. Dieser Gedanke hat sich seit mehreren Jahren schön verwirklichen lassen. Da ich das Archiv des Diakoniewerks und der Ev. Pfarrgemeinde betreue, ist der Wechsel zwischen meiner An- und Abwesenheit für jeweils zwei Monate möglich, zumal andere für mich einspringen. Neben der Arbeit im Archiv versuche ich wie bisher mitzuhelfen, wo es sich ergibt: Ich halte ab und zu eine Andacht, mache eine Führung für Besucher, arbeite an der Zeitschrift des Diakoniewerks mit. An diese Zeit schließen sich dann gemeinsame Wochen mit meiner Schwester an, in deren Lebenskreis ich freundlich hineingenommen werde. Da wir beide noch rüstig sind, fliegen wir gern aus. Alte Freundschaften werden durch Besuche, Briefe und Telefongespräche gepflegt.

Wir wissen, diese Lebensform ist zeitlich begrenzt. Aber weil man nicht voraussehen kann, nehmen wir jeden Tag

als Geschenk und versuchen auch im Alter,»Mensch zu
sein für Menschen, die eines Menschen bedürfen.«

Schwester Franziska Dolch

Menschen ins Gesicht schauen
Nach Gedanken von Schwester Hanna Ziegler

Als Feierabendschwester lebe ich noch im selben Gebäude wie früher als aktive Diakonisse. Mit meinen vierundachtzig Jahren habe ich keinen festen Arbeitsauftrag mehr. Ich habe Zeit. Oft setze ich mich in die große Eingangshalle und schaue den Menschen zu, die hier aus- und eingehen.

Ein jeder muß hier vorbei, um auf seine Abteilung, auf seine Station zu kommen. Manchmal wird ein flüchtiger Gruß gewechselt, eine Frage gestellt. Drüben sitzen zwei und unterhalten sich. Selten dringt Lachen an mein Ohr, das meiste ist abgedämpft, ernst.

Schwestern, Büroangestellte, Ärzte, die haben es immer eilig. Auch, wenn sie stehenbleiben, Auskunft geben –, schon sind sie weiter, hier raus, da rein.

Und dann die Patienten, die Besucher – das ist ein ganz anderes Tempo. Ich weiß doch: Da ist oft so viel zu verdauen, selbst wenn man gehetzt ist, das geht nicht schnell. Was drückt sich da in der Haltung aus oder im Gang oder versteckt sich hinter der Mauer des Gesichts? Schleppen sich nicht alle herum mit der Frage: Was kommt auf mich zu? Wie halte ich das aus ? Wie geht es weiter?

Ob du dich kurz oder lange hier aufhältst, immer fühlst du dich abgeschnitten vom Leben da draußen, jedenfalls von der gesunden, normalen Welt.

Ich kann das verstehen. Ich stehe aus anderen Gründen irgendwie auch nur am Rand. Wenn ich nach oben gehe, zurück auf mein Zimmer, nehme ich die Handvoll Gesichter von heute mit, die Menschen, zusammen mit den unabgelegten Lasten, die ich auf ihnen vermute, mit der Mühseligkeit ihrer jetzigen Lage. Wir kennen uns nicht.

Mir fällt nur eins ein, zu bitten:»Du kennst sie, o Gott, du weißt, was sie brauchen ...«

I.K.S.

Allein leben können
Zu einem Vortrag von Evelyne Frank

»Sie hat keinen abgekriegt – weil sie nicht weiblich genug ist, zu intellektuell, zu autonom, weil sie nicht genügend Wert darauf legt, sich zu pflegen, weil sie zu anspruchsvoll ist, wer weiß – vielleicht mag sie keine Kinder, vielleicht ist sie sexuell abnorm veranlagt, lesbisch, nymphoman ...«

Urteile – Vorurteile, die unsere Gesellschaft schnellfertig über die alleinlebende Frau parat hat, ohne daß es nötig wäre, den Beweis dafür anzutreten. Denn was wäre hier schon nachprüfbar? Was wissen wir eigentlich von ihr, von der Allein-Stehenden, der unverheirateten oder der geschiedenen Frau, die ihr Leben allein meistern muß? Denken wir jemals unvoreingenommen, freundlich mitfühlend über sie nach? Stellen wir uns vor, wie sie ihre Abende, ihre Wochenenden – die Sonntage! –, ihre Ferien zubringt, wie sie sich fühlt, wenn sie von der Arbeit nach Hause kommt, ohne daß jemand auf sie wartet, sie empfängt?
Wie kommt sie damit zurecht, wenn sie allein ins Kino, Theater, ins Restaurant geht, oder geht sie erst gar nicht? Immer allein schlafen, kann sie das? Und wenn sie Angst kriegt? Wie schwer muß es sein, wenn sie krank ist und sie anfangen muß, jemand Fremdes zu behelligen ...
Selbst wenn sich in uns Mitleid zu regen beginnt, wie schnell läßt sich das wieder zudecken durch den Gedanken daran, daß sich die Alleinstehende im Grunde doch viel mehr Zeit für sich selbst nehmen kann, daß sie sich nicht zwischen Familie, Beruf und Haushalt zerreißen muß. Vielleicht fällt uns sogar ein, daß sie immerhin ihre berufliche Laufbahn geradlinig verfolgen, daß sie

Karriere machen kann. Und was sie sich alles leisten kann, weil sie doch ihren ganzen Verdienst zu ihrer eigenen Verfügung hat!

Ist sie, die von manch einer verheirateten Frau mit Kindern um ihre Freizeit, ihre Möglichkeiten, ihre Freiheit beneidet wird, glücklich, zufrieden mit ihrer Lage?

Ich will von einer jungen Freundin erzählen, die vor kurzem gewagt hat, aus der Zone des Nicht-drüber-Redens herauszutreten, die den Mut gehabt hat, anderen Freunden und mir in einem kleinen Kreis ein Bild von der Lebenssituation zu entwerfen, in der sie sich wie Tausende von anderen Frauen befindet. Der kirchliche Rahmen, in dem sie ihr Thema behandelte, ermöglichte ein Zeugnis, das uns betroffen gemacht hat.

E. begann mit dem Bild, das sich die Gesellschaft von ihresgleichen macht oder zu machen scheint, mit der Erwartung, die alleinstehende Frau könne, müsse jederzeit disponibel sein, sie, die über ihre Zeit, über ihr Geld doch frei verfügen könne. Und wie man ihr dann die lästigsten Arbeiten zum ungünstigsten Zeitpunkt zuschiebt. Jede andere Frau würde und könnte sich wehren, aber sie!

Wie sie bei der Urlaubsplanung selbstverständlich zurückzustehen hat. Keine Ahnung davon, wie schwierig Ferien für sie ohnehin zu gestalten sind ... Dabei die peinlichen Fragen, die sich keine verheiratete oder geschiedene Frau gefallen lassen würde: ob sie eigentlich nicht heiraten wolle, ob sie vielleicht keine Männer, keine Kinder möge ...

Sie schildert, wie empfindlich sie auch in der Kirche an ihr Einzeldasein erinnert wird, wenn sich etwa beim Friedensgruß Menschen neben ihr in die Arme fallen, drücken und küssen, während der alleinstehenden Frau gegenüber immer diese kleine Unsicherheit entsteht, Rücksicht, Zurückhaltung, Angst vor Mißdeutung ...

Wie unbekümmert wird zudem in der Kirche z.B. an Weihnachten der Familienfestcharakter hervorgehoben ... Gar nicht zu reden davon, daß es in den Gemeinden Kreise für junge Erwachsene, für junge Ehepaare, vielleicht sogar für alleinstehende Mütter gibt, daß aber kaum irgendwo eine Gruppe für junge Frauen zwischen sechsundzwanzig und vierzig angeboten wird.

Während ihres Berichts mache ich mir klar, was es bedeutet, zu Hause immer allein am Tisch sitzen zu müssen. Niemand hat für sie gekocht, gedeckt, niemand wird ihr die Schüssel reichen und sagen: Da, bitte, nimm dir! Was kocht sie sich? Nimmt sie sich die Zeit, ein Gericht herzustellen, ißt sie nur Fertigkost, spielt Essen überhaupt eine Rolle, oder läuft es nebenher? Liest sie dabei die Zeitung, ein Buch? Wie geht sie mit ihrem Körper um, macht es überhaupt Spaß, sich schön anzuziehen, z. B. zu Hause, wenn sie weiß, es nimmt doch keiner Notiz davon? Was tut sie, wenn ihr die Decke auf den Kopf fällt, wenn sie Ansprache nötig hat, wenn sie Zärtlichkeit braucht?
In jedem Fall muß sie die Initiative ergreifen, anrufen, ausgehen. Und sie weiß doch auch, wie wenig zu »machen« ist, wie schnell eine Beziehung kaputtgehen kann, wenn ein falscher Ton fällt ...
Überspielt sie ihre Gefühle? Flüchtet sie in die Arbeit, in den Haushalt, betäubt sie sich mit Fernsehen, mit Büchern, schafft sie sich ein Haustier an, mit dem sie spricht, mit dem sie zärtlich ist? Wieviel erlaubt sie sich zu trinken, zu rauchen ...?
Allein leben – es ist ja nicht so, daß jede Frau diesen Personenstand bewußt gewählt hätte, sondern nicht wenigen von ihnen hat das Leben keine andere lebbare Möglichkeit gelassen. Keine Frage, daß ein solches Leben

hochgradig anfällig ist für Krankheiten seelischer und körperlicher Natur. Jedenfalls ist Einsamkeit oft ein tiefes Leiden, das jeden Tag – und zwar gerade in den allerbanalsten Situationen – neue Kräfte verlangt.

E. erzählt, was sie unternimmt, um sich zu stärken. Sie hat eine Strategie erdacht, kleine »Tricks«, die sie in die Lage versetzen, ihr Leben zu meistern. Sie geht von der Grundvoraussetzung aus, daß die Situation so wie sie ist, klar und nüchtern als vorerst unabänderlich akzeptiert werden muß. E. gestattet sich keine Grübeleien über das Warum ihrer Lage und deren möglichen »Wert«, keine Spekulationen über eine Zukunft, die vielleicht anders ist.

Sie lebt heute, sie will heute an diesem Leben soviel Freude wie möglich haben. Es soll ihr gutgehen. Sie bedenkt ihre finanzielle Situation: Was kann sie sich an Ausgaben leisten, um sich eine Freude zu machen (Telefonkosten, Kleidung, Auto, Konzert, Theater, Restaurant, Reisen)? Wie häufig kann sie jemanden zu sich einladen oder sich einladen lassen und ein kleines Geschenk mitbringen? Was kann sie noch für sich tun? E. hat sich ein Wort Jesu zu Herzen genommen, nach dem die Verzichtleistung einer Person, die fastet, am Gesicht, am Mienenspiel, an der Kleidung nicht zur Schau getragen werden soll. Gerade zum Gegenteil ruft Jesus auf: »Pflege dich, mach dich schön!« (Matthäus 6, 16 f). Entsprechend betont E., wie wichtig es ist, dem auf die Spur zu kommen, was ihr guttut. Für sie bedeutet es, den Sinn für die Schönheit zu entdecken und zu wecken, und die Freude an dem Stil zu entwickeln, der zur eigenen Person paßt. Sie hat für sich selbst herausgefunden, was ihr gefällt. Das »äußert« sich in ihrer Wohnungseinrichtung, in den Bildern, die sie aufgehängt hat ebenso wie an der Kleidung, die sie trägt, ja, in ihrer Art sich zu bewegen, in ihrer Weise, Feste zu gestalten. Sie steht früher auf, um Zeit zu haben für sich selbst. Sie hat eine persönliche Weise der Meditation gefunden. Sie »zelebriert« ihre Mahlzeiten, deckt sorgfältig den Tisch, ißt nicht aus dem Papier, sondern richtet, was sie essen will, an, benutzt das gute Geschirr. Während des Essens hört sie die Musik, die sie mag, vermeidet es aber, fernzusehen. Sie achtet darauf, daß sie niemals aus dem Hause geht, ohne daß die Wohnung aufgeräumt ist. Wenn sie nach der Arbeit heimkommt, muß sie sich empfangen fühlen können. Bei ihr gibt es immer Blumen.

Ein- bis zweimal in der Woche lädt sie jemanden ein. Den Gästen setzt sie ein gut zubereitetes, aber einfaches Gericht vor. Vorbereitung und Abwasch dürfen nicht zu viel an Zeit kosten, sonst erliegt sie daran. Sie plant ihre Außenkontakte ganz bewußt. An jedem Tag sucht sie nach einer Gelegenheit, einem Menschen »wirklich« zu begegnen.

E. hat sich eine Reihe von Menschen »gezogen«, die ihre wirklichen Freunde sind, die sie verstehen, so wie sie ist, die sie anrufen kann, ohne lange Erklärungen abgeben zu müssen. Bei ihnen kann sie sich auch einladen, ohne geniert zu sein. Deren »Nein« muß sie einplanen, ohne gekränkt zu sein, ohne es als grundsätzliche Absage zu verstehen.

Sie hat einen Hauskreis ins Leben gerufen. Drei, vier Menschen treffen sich monatlich ein- bis zweimal um ein gemeinsames Thema. Es sind biblische und philosophische Texte, die sie sich vorgenommen haben. Gelegentlich hören sie gemeinsam Musik oder schauen sich Kunstwerke an.

E. hat ihre Hobbies wieder aktiviert, sie malt, sie stickt, sie webt. Sie interessiert sich für Themen, die an der Volkshochschule angeboten werden. Sie geht in die Kirche und zu Gemeindeveranstaltungen. Sie ist kein passives Gemeindeglied, sie wagt, den Mund aufzumachen. Den Kontakt zu den noch lebenden Eltern hält sie in behutsamem Maße aufrecht. Alles, was nach einer Flucht ins häuslich warme Nest aussehen könnte, vermeidet sie. Statt dessen hat sie sich die Nummer der Telefonseelsorge bereitgelegt, um im Notfall dort anrufen zu können. Sie weiß, wen und was sie von außen an Hilfe braucht oder brauchen könnte.

Alle Schritte, die E. unternimmt, kosten Anstrengung und Mut, jeden Tag wieder neu. Es habe eine Weile gebraucht, sagt sie, bis sie begriffen habe, daß das Glück nicht daran hängt, ob sie verheiratet ist oder nicht, nicht davon, ob sie Mutter geworden ist und Kinder großgezogen hat, sondern, ob sie als die Frau, die sie jetzt ist, ein mütterlicher Mensch sein kann, der sich selbst und andere zum Leben ermutigt.

Ein Satz des französischen Philosophen Pierre Emmanuel, über den sie ihre Doktorarbeit geschrieben hat, ist ihr zur Devise geworden: »Allein sein zu können, verlangt Mut. Gib dem Menschen die Kraft, sich so selbst zu lieben, daß er allein sein kann.«

I.K.S.

Gemeinschaftlich anders leben
Im Gespräch mit Antje Heider-Rottwilm

Was vielen versagt geblieben ist, wonach viele zeitlebens suchen – das Leben in einer glücklichen Familie – Antje hat es gehabt. Ihre Eltern hatten das »Dritte Reich« als Jugendliche miterlebt, die Mutter war BDM-Führerin, der Vater Offizier gewesen. Sie hatten mitgemacht, ohne doch eigentlich Nazis zu sein. 1945 kam der Vater mit einer doppelten Beinamputation aus dem Krieg heim. Da war sein einziges Ziel, noch einmal von vorn anzufangen, zu Hause etwas Beständiges, Heiles zu schaffen, das man gegen zerstörerische Kräfte von außen absichern konnte: eine glückliche Familie, friedliches Miteinander. Konflikte wurden beschwichtigt, das bisherige Leben verdrängt. »Kriegsgeschichten« hörten Antje und ihre drei Geschwister höchstens, wenn der Vater bei Besuch von Kameraden alte Erinnerungen austauschte.

Genaueres über den Krieg erfuhr sie im Geschichtsunterricht. Da wachte sie auf und erkannte die Brüchigkeit dieser Harmonie. Für ihr eigenes Leben beschloß sie, sich politisch einzumischen, Widerstand zu leisten, wenn es nötig würde. Sie begann Theologie zu studieren und sich mit dem Marxismus-Leninismus auseinanderzusetzen. Sie engagierte sich in der Friedensbewegung, nahm an Protestmärschen teil, war aktiv in Fraueninitiativen. Habermas hatte ihre Generation Ideologiekritik gelehrt, aber mit der Theorie wollte sie sich nicht zufriedengeben. Darum ermunterte sie als Pfarrerin ihre Gemeinde zur aktiven Mitarbeit in Gruppen, die etwas verändern wollten in der Gesellschaft. Früh beunruhigte sie das Thema »Gewalt«, vor allem die, die gegen Frauen gerichtet war. Davon war an der Fakultät nichts zu hören gewesen, obwohl doch schon die Bibel davon zu berichten weiß.

Und noch eine andere Dimension war im Studium für sie wichtig geworden: die Begegnung mit Menschen, die mit Hilfe der Anthroposophie eine ganzheitliche, ökologisch verträgliche Lebensweise entwickelten.

Die verschiedenen Anstöße wirkten zusammen, als sie und ihr Mann vom Laurentiuskonvent hörten. In einer solchen Kommunität vermuteten sie den Raum, in dem sie auf verbindliche Weise leben könnten, was ihnen wichtig erschien: über die Konfessionsgrenzen hinweg mit anderen Christinnen und Christen das Evangelium zu »übersetzen«, gemeinsam zu wohnen, an einer gemeinsamen Willensbildung zu arbeiten und eine gemeinsame Spiritualität zu entwickeln, die alle Lebensäußerungen einschließen würde.

Der Konvent stellte ihnen ein ehemaliges Gutshaus zur Verfügung, das er gerade erworben hatte. Das mußte erst umgebaut, hergerichtet werden, kam aber ihren Vorstellungen von einem gemeinsamen Leben gerade recht. Den zum Gut gehörenden großen Garten zu bewirtschaften, die alte Backstube instand zu setzen, überhaupt das ganze Leben, soweit möglich, auf Selbstversorgung hin auszurichten, lockte sie.

Außer ihnen und ihren Kindern zogen noch ein zweites Paar und zwei alleinerziehende Mütter ein. Inzwischen, nach sechzehn Jahren, ist die Gemeinschaft auf zwanzig Personen angewachsen, zehn Erwachsene und zehn Kinder. Die Großräumigkeit des Hauses ermöglicht jeder der heute vier Familien eine eigene Wohnung, den beiden jungen Freiwilligen ein eigenes Zimmer, und auch für Gäste ist noch Platz.

Die Gemeinschaft hat ihr Leben auf einer ökonomisch grundsätzlich anderen Bewertung von Arbeit und Bezahlung aufgebaut. Die meisten erwachsenen Mitglieder arbeiten in ihren bürgerlichen Berufen, halb- oder ganztags. Für jedes Mitglied der Gemeinschaft ist die Grundversorgung garantiert. Ausgaben für Nahrung und Kleidung, Arztkosten, Versicherungen, Schulgeld werden von allen gemeinsam übernommen. »Unsere Kredite und unsere Schulden finanzieren wir nicht nur über Banken, sondern auch über Freundeskredite«, sagt Antje. »Wir wollen nicht nur das herrschende Zinssystem durchbrechen, das uns ungerecht erscheint; wir stellen uns überhaupt der Einteilung in Geld-Besitzende und Nicht-Besitzende entgegen. Wir besitzen Ideen, und wir haben genug Mut und Tatkraft, sie zu verwirklichen«, meint sie stolz. Sie denkt gewiß auch an die Waren, die sie im selbstgegründeten Naturkostladen in der Stadt verkaufen, Brot aus der Backstube, Gemüse, Honig und Milchprodukte vom Gutshof sowie vieles andere.

Nicht alle Freundinnen und Freunde, die sich vor sechzehn Jahren zusammenfanden, sind geblieben. Und auch im Lebensstil sind mit der Zeit Veränderungen eingetreten. Abschied genommen hat die Gruppe von einer Reihe »zu radikaler asketischer Vorstellungen«, die ihnen anfänglich als ideal erschienen. So wollten sie in Solidarität mit den Armen selbst ganz arm leben, nur Margarine essen ..., einmal in der Woche fasten ..., im Sommer auf elektrisch betriebenes Warmwasser verzichten ..., nur bestimmte Produkte kaufen ...
Auch die Spiritualität der Gruppe hat sich gewandelt. »Zu Anfang haben wir viel zuviel gewollt, viel zuviel dogmatisch Richtiges sagen zu müssen geglaubt. Überhaupt haben wir soviel geredet. Dabei sind doch gerade

Menschen zu uns gestoßen, die tiefe Verletzungen durch ihre Kirche erlitten hatten. Die kann man nicht wegreden!« Jetzt gehen sie mit Worten viel sparsamer, viel vorsichtiger um. In den Morgen- und Abendandachten, deren Teilnahme freiwillig ist, bleibt Raum für viel Stille, für Körperübungen, für symbolische Gesten.

Verbindlich für die Erwachsenen ist der gemeinsame Hausabend einmal in der Woche. Da tauschen alle ihre persönlichen und beruflichen Erfahrungen aus und geben ein kurzes Stimmungsbild über ihr derzeitiges Befinden. Organisation und Termine werden bei einem weiteren Treffen abgesprochen. Alle Erwachsenen sind reihum einmal in zehn Tagen für das Mittagessen verantwortlich, an dem möglichst alle teilnehmen sollten. »Wenn ich nur einmal alle paar Tage zuständig bin und nicht dauernd putzen, kochen und abwaschen muß, dann bringt es auch mir viel mehr Spaß. Und so macht jede und jeder an dem bestimmten Tag ein Festessen!« Sonntagabends um halb sieben trifft sich die Hausgemeinschaft zu einer Feier. Zwei große Tische sind festlich eingedeckt; begonnen wird der Abend mit gemeinsamem Singen, mit biblischen Lesungen und einer meditativen Besinnung. Dann wird mit Traubensaft und Brot eine Agape gehalten, an die sich das Abendessen anschließt. Der Abend klingt mit einem Segenswort aus. Antje erzählt, sie erlebe das Leben in ihrer Gemeinschaft nicht wie einen ideologischen Zwang, und sie habe den Eindruck, alle, auch die Kinder und die Jugendlichen, fühlen sich wohl. In gewisser Weise, findet sie, könnte es hier sogar leichter sein, als Jugendlicher zu leben. Oft übernehmen die freiwilligen Helfer, nur um weniges älter als sie selbst, durch ihr bloßes Dasein und Vorleben die »Vermittlung« von Werten.

Antje glaubt, daß Frauen und Männer auf ihrem Laurentiushof dabei sind, eine neue Identität zu entwickeln. Denn alle erledigen dieselben Aufgaben: kochen, waschen, putzen, verdienen, erziehen – Tätigkeiten, die sonst in der Gesellschaft oft ausschließlich von einem Partner allein übernommen werden und ein bestimmtes Rollenverhalten zur Folge haben. Sie meint, daß sich viele Ängste, Mißverständnisse und Konflikte, wie sie sich in der Kleinfamilie herausbilden können, eher auflösen. Männer können von ihren Erfahrungen zu anderen Männern sprechen, sie erleben gleichzeitig andere Frauen als ihre eigenen als Gesprächspartnerinnen. Entsprechendes gilt für die Frauen. Und so begleiten Männer und Frauen einander bei der Entwicklung von Eigenschaften, die anders kaum ans Tageslicht treten würden.

Die gemeinsame Erfahrungsbasis, sagt Antje, wirke sich auf Meinung und Verhalten aus. Gewiß könnten gerade in einer Gruppe, die ihr Verhalten reflektiert und die ihr Zusammensein für die spirituelle Dimension öffnet, neue Sozialformen erprobt werden.

I.K.S.

Lebensgefühl

Das hättest du gar nie träumen können,
daß das auf einmal geschieht:
zufrieden zu sein und dankbar dafür,
daß alles so ist, wie es ist,
und nicht anders.
Nichts hat sich verändert,
der Boden ist immer noch steinig,
die Lebensbedingungen sind kompliziert,
nichts kommt je von selber,
um alles muß man sich mühn,
wach bleiben und aufmerksam,
um sich, um die andern besorgt,
muß tapfer entscheiden das Wort,
das gesagt werden kann,
und das, was ungesagt bleibt.
Aber es ist, wie wenn Sonnenlicht fiele
auf das Gerät in der Werkstatt,
wie wenn der Staub darauf glänzte
und der alte, verbogene Kram
beinahe heimelig würde ...
Da nimmst du das Bruchstück
noch einmal sehr achtsam in deine Hand,
und du beginnst von neuem,
Arbeit zu lieben genug.

Irmgard Kindt-Siegwalt

Wachsen lassen ...

Ich wohne im Herzen Berlins, im Stadtbezirk Berlin-Mitte. Weil man hier den Frühling eher aus der Zeitung erfährt, als daß man ihn sieht und riecht, bemühte ich mich bei der Kommunalen Wohnungsverwaltung, jetzt Wohnungsbaugenossenschaft, um einen Pflegevertrag für ein Stückchen Land in Wohnungsnähe. Ich erhielt ihn. Zunächst buddelte ich Steine heraus und erntete die Kommentare der vorbeigehenden Erwachsenen, daß hier sowieso nie etwas wachsen könne und die Kinder ohnehin alles zerstören würden.

Die eifrigsten Helfer beim Steineausbuddeln und -wegtragen waren die drei- bis fünfjährigen Kinder. Die älteren verlangten nach Harken. Da zierte ich mich etwas, es konnte sich leicht jemand verletzen. Immerhin hatte ich aufmerksame und interessierte Zuhörer für meine Zukunftspläne.

Später blühten und gediehen viele Pflanzen trotz Hundedreck, Flaschenscherben von Betrunkenen, »versehentlich« abgeladenen Müllbeuteln und einer stellenweise nur dreißig Zentimeter tiefen Erdschicht, die auf eine für Pflanzenwurzeln normalerweise undurchdringliche Betonschicht traf.

Ich arbeitete fleißig auf diesem Stück Land. Die bissigen Kommentare nahmen ab, der Pflanzenreichtum und die Blühfreudigkeit zu. Immer noch halfen mir die Kinder, auch beim Unkrautzupfen mit der Hand, trotz Hundedreck. Ein Herrchen erklärte mir, daß sein Hund nun eben an diese Stelle gewöhnt sei und nicht die nahen Büsche aufsuchen könne. Nicht meine logische Argumentation überzeugte ihn vom Gegenteil, aber der Steinwurf in Richtung Hündchen. Das verstand und zog sichtbar seine Konsequenzen, aber Herrchen drohte mir einen Prozeß anzuhängen. Ich ermunterte ihn dazu.

Kinder bestärkten mich darin, weiterzumachen. So fragte mich eine gerade Vierjährige, als ich erschöpft von der Arbeit heimkam, ob ich schon die gelbe Blume gesehen hätte, die seit heute blüht. Ich hatte sie noch nicht gesehen. Wir gingen zusammen hin, und dabei erzählte sie mir, daß sie jeden Tag nachsieht, ob schon wieder etwas Neues blüht. Einen Jungen fand ich fast auf dem Bauch liegend beim Beobachten einer Blüte. Er hatte bemerkt, daß diese Blume eine ungewöhnliche Blütenform aufwies. Es war ein kleinwüchsiger Rittersporn.

Manchmal erzählten mir die Kinder auch von ihren eigenen Erlebnissen. Gelegentlich kamen sie und fragten, ob sie mir helfen könnten, nicht oft, und nicht alle Arbeiten waren beliebt. Und nicht selten kam ich mir dabei vor wie ein Dompteur, denn meist kamen die Kinder in Gruppen zu sechst oder gar zu acht, und wie sollte ich so viele gleichzeitig und sinnvoll beschäftigen? Aber so konnte ich meine Wünsche um den Erhalt der Pflanzen in Geschichten und Beispiele kleiden, die unter den Kindern weitergegeben wurden. Es war doch Ehrensache für einen Jungen, niemand über die Pflanzen latschen zu lassen, die er selbst gesät hatte. Und wenn der andere zu dämlich war, zu begreifen, was beim Drauftreten mit den Wurzeln passiert, so wurde ihm meine Erklärung weitergereicht, daß das so wäre, als ob über seinen Fuß ein schwerer LKW führe. Und das würde die Pflanzen genauso kaputtmachen wie seinen Fuß. Diese Vorstellung beeindruckte.

Eines Sommerabends, als ich gerade beim Jäten war, kam eine wilde Horde Jugendlicher daher, sprang über meine Beete und setzte sich aufreizend in meine Nähe, genauer gesagt, in die meiner Gartengeräte. Ich war wütend, und außerdem hatte ich Angst: Sollte ich einfach mit ansehen, wie diese Kerle auf meinen Beeten herumtrampelten? Na, von wegen! Aber was sollte ich denn machen? Ich bin klein, war allein und noch dazu in alten Klamotten. Sie waren groß und kräftig, etwa zwanzig Personen und chic herausgeputzt. Und dann lagen meine Gartengeräte als potentielle Waffen auch noch in ihrer Nähe! Eine beklemmende Situation. Aber ich kann doch nicht den Jugendlichen unwidersprochen das durchgehen lassen, was ich bei jedem Kind streng rüge! Also, dachte ich, nimm deinen Mut zusammen, zeig deine Entschlossenheit, gib ihnen ruhig, beherrscht, aber unmißverständlich Bescheid, und sei in den Startlöchern, falls du zuviel Aggressivität provozierst.

Gesagt, getan. Die erste Reaktion ist schläfriges Maulen. Was is? Beete? Wir? Wo denn? Hier? Is'n das? Nochmalige deutliche Rüge. Stutzen bei den jugendlichen Herrschaften. Es dämmert ihnen, daß es interessant werden könnte. Also Protest. Alle sind jetzt hellwach. Ich erkläre so sachlich und deutlich wie möglich, was mir gegen den Strich geht, und warum. Protest und Provokation. Ich lasse mich nicht provozieren, gebe noch eine Entgegnung und setze konzentriert meine Gartenarbeit fort, anscheinend – in Wirklichkeit bin ich auf dem Sprung, denn ich habe große Angst. Man lauert, aber keinem der jungen Leute fällt etwas Rechtes ein, um das Spielchen noch ein wenig weiter anzuheizen.

Nach einer Weile und weil ich den Eindruck habe, daß man noch gern irgendwie seine Langeweile vertreiben würde, wenn man bloß wüßte, wie, mache ich noch einen anderen Versuch. Ich frage sie, ob sie wüßten, was das für Pflanzen wären, die da vor mir wüchsen. Sie würden sie garantiert kennen, und man könnte sie auch essen. Verblüffung auf der anderen Seite, denn hier könnte man garantiert nichts essen. Gut getarnte Ratlosigkeit. Da ist keine Aggressivität mehr. Jetzt hat man andere Sorgen. Ach, ich würde sie doch bloß hochnehmen wollen, sie ließen sich aber nicht reinlegen. Ich rupfe einen Stengel ab und gehe mit meinen schmutzigen Händen zu ihnen und zeige ihnen das Grünzeug von nahem. Nun wird's spannend. Kamille! sagt einer triumphierend, nachdem er gerochen hat. Nein, sage ich. Kollektive Enttäuschung. Nachdenken, abwägen, resignieren. Auf einmal wieder forsch: Das kann man nicht essen! Doch, sage ich. Wieder kurze Pause. Dann die rettende Eingebung eines Mädchens: Betont selbstbewußt verlangt sie, dann solle ich es doch gleich mal voressen. Indem ich das postwendend tue, verwandeln sich ihr Triumph und ihre ihr von allen entgegengebrachte und ach so wichtige Anerkennung in eine kleine Niederlage.

Ich sehe nun ein, daß ich ihnen helfen muß. Das ist Pfefferminze, sage ich, nämlich die, die in den meisten Kaugummis als Aroma drin ist. Das wird nämlich nicht in der Fabrik gemacht, sondern wächst von selber.

Echte Verblüffung. Anerkennung schwingt mit. Der Weg zum Selberprobieren ist geebnet, braucht aber noch ein bißchen Überwindung. Unsere Beziehungen sind nun von einer ganz anderen Qualität.

Ich sage noch ein paar Worte zum Umgang mit meiner Pfefferminze. Sie macht jetzt die Runde und wird von den meisten probiert.

Es ist ein ganzes Weilchen später, als ich die jungen Leute bitte, mir kurz zu helfen, indem sie das Stück Beet harken, das so festgetreten ist, weil immer alle Leute drüberlatschen, wie sie vorhin eben auch. Das wäre nämlich zu schwer für mich.

Abwartende Reaktion. Dann meint ein Mädchen ziemlich provokativ: Aber nicht gleich! Nö, sage ich, allerdings habt ihr morgen keine Gartengeräte mehr dafür und müßt es mit bloßen Händen machen.

Eine kurze Pause entsteht, und dann erhebt sich der nächstsitzende Bursche gesenkten Hauptes und harkt wie ein Weltmeister. So viel und so heftig ist gar nicht nötig. Ich bedanke mich: Das ist in Ordnung. Ich lobe ihn sehr für Umfang und Qualität der Arbeit. Das allerdings ist völlig falsch. Ich merke es ein bißchen spät. Sie aber bleiben noch ein Weilchen sitzen und schwatzen.

Als sie wieder davonspringen, rufe ich ihnen nach, sie möchten doch die Bänke wieder so hinstellen, wie sie sie vorgefunden hätten. Das Rücken wäre zu schwer für die alten Omis, die sonst drauf sitzen. Die letzten drei kommen ohne Murren zurück, müssen sich aber von mir erklären lassen, wie die Bänke standen. Sie wissen es nicht mehr. Ich kann es ihnen locker und angstfrei sagen. Sie tun es einfach.

Waltraut Schwarze

Universitäts-Kinderklinik, Station F

Normalerweise kenne ich die Kinder im Haus, von den neuen höre ich, wenn nicht schon tagsüber auf unserem endlos langen Klinikkorridor, spätestens in der Morgenbesprechung. Inzwischen habe ich auch, dank fleißigen Lernens und nervenden Fragens wenigstens soviel medizinisches Wissen, daß ich entscheiden kann, welchem neuen Kind es so schlecht geht, daß ich sofort hin muß. D.h. ich komme nie auf die Station und frage die Schwester, womöglich noch in ihrer Kaffeepause, bei wem mein Besuch nötig sein könnte. Oder genauer: Ich mache keine Besuche, ich bin da. Zu wem ich wie lange in welchem Rhythmus gehe, ist meine Sache. Weder verläßt die Schwester das Zimmer, wenn ich reinkomme, noch muß ich raus, wenn sie gerade absaugt.

Als Kathrin nach der Knochenmarktransplantation ins Koma fiel und beatmet werden mußte, wurde sie auf die F verlegt. Lange Wochen, in denen ich zum dritten Mal täglich abends um neun kam, um die Mutter um elf ins Elternhaus zu fahren. Die Schwestern und ich kannten uns schon gut, aber richtig kennen- und schätzengelernt haben wir uns erst da. Unsere Angst, unsere Wut, unsere Verzweiflung, unsere Hilflosigkeit, unsere Hoffnung, wenn die Monitorangaben sich minimal verbesserten, unser gemeinsames Am-Ende-sein-und-doch-Weitermachen-Müssen. Die Panik, die uns überfiel, wenn Kathrin mal wieder auslief und Schwester wie Pfarrerin ratlos waren, wie die Seen von Scheiße und Blut noch versorgt werden sollten.
Damals hat Schwester Bille das Kriterium für eine Kli-

nikpfarrerin auf der F formuliert: Sie muß bis zu den Ellenbogen im Dreck stehen können. Und zufällig – aber wer glaubt im Krankenhaus schon an Zufälle? – war es auch Bille, die uns in jener Nacht, als die Mutter und ich nach Hause gehen wollten, die Zimmertür aufmachte. In jener Nacht hatten wir drei aufgegeben, wortlos und endgültig, hatten ins Sterben eingewilligt, und in eben diesen Augenblick unter der Tür hören wir: »Mami«. Voller Entsetzen haben wir uns angeschaut, den Verdacht gehabt, jede einzeln, wir seien so überdreht, daß wir »Stimmen hören«. Aber dann setzt sich Kathrin für einen Augenblick auf, sagt mit ihrer eigenen Stimme noch einmal »Mami«. Wir waren außer Rand und Band, verrückt vor Freude, haben gelacht und geweint und noch eine Stunde später den Kaffee auf die Tischdecke gegossen statt in die Tasse.

Eine von den Geschichten, mit denen wir leben, von denen wir leben, gerade dann, wenn es nicht so gut ausgeht. Erinnerte Gemeinsamkeit, die auch dann trägt, wenn es einfach zu viele schwerstkranke Kinder zu pflegen gibt, wenn ärztliche Entscheidungen, so richtig sie sein mögen, unerträglich zu werden drohen, wenn aufgeregte, verzweifelte Eltern versuchen, Schwestern und Pfarrerin auseinanderzubringen, wenn eine etwas vergißt und die andere einen Fehler macht.
Schwester Ruth, diese überaus zierliche, überaus energische Person schaut mich mit ihrem unausweichlichen Blick schräg von unten herauf an, bis ich begreife, was los ist, weil wir alle keine Worte mehr haben.
Schwester Gerda zeigt mir in hochkritischen Situationen in der fürchterlichen Enge unserer Boxen meinen Platz, notfalls in der hinteren Bettecke, damit ich das Kind halten kann.

Schwester Eva macht endlich ein Päuschen und geht raus, weil sie längst mit mir geübt hat wahrzunehmen, daß sich ein Kind verändert, bevor der Monitor Alarm schlägt. Schwester Anna, die so zurückhaltend und schüchtern ist, schützt eisern meinen Urlaub gegen die ärztlichen und elterlichen Bedürfnisse, mich anzurufen.

Es konnte also gar kein anderer Ort in der Klinik sein, an dem Schwestern und Pfarrerin vorsichtig, aber auch entschlossen entwickelten, was ich unser Ritual für sterbende Kinder und Jugendliche nennen möchte. Wohlgemerkt: Wir hatten nicht erst einen Plan, den wir diskutiert und dann in die Praxis umgesetzt hätten. Wir ließen uns leiten von den Kindern und von dem, was wir uns gegenseitig Schritt für Schritt zutrauten und zumuteten. Natürlich hatten die Schwestern auch vorher schon und ohne mich Kinder beim Sterben begleitet, hatten konsequent die zwei Grundregeln des Hauses »Du wirst immer die Wahrheit gesagt kriegen, sowie wir sie wissen« und »Wir lassen dich nicht allein« verwirklicht.

Wenn in die Gemeinschaft von Kind und Eltern und Schwester eine neue Person mit einer neuen Aufgabe dazukommt, dann ändert sich nicht nur die Anordnung, es ändert sich das Geschehen.

Womit ich überhaupt nicht gerechnet hatte, was ich, hätte es mir jemand gesagt, für den klassischen pastoralen Hochmut gehalten hätte, wurde mir als Geschenk zuteil. Für das Kind, für die Familien und auf unerhörte Weise für die Schwestern – und zwar unabhängig von ihrer eigenen christlichen oder nichtchristlichen Einstellung – repräsentiert die Pfarrerin die Anwesenheit Gottes im normalen klinischen Alltag. Es macht mir

Mühe, das mit Worten auszusprechen, denn das Sterben wird dadurch nicht weniger hart.

Aber wir haben so die Chance, nicht nur das Grauen und das Ende zu sehen, sondern auch auf den Anfang und die Weite zu hoffen. Das Verlassen-Werden einerseits und das Sich-Verlassen andererseits geschieht zuallererst in unserem Gefühl; in der Art, miteinander umzugehen; in der Weise, wie wir uns nicht aus den Augen lassen – vor dem Sterben und beim Sterben und nach dem Sterben.

Sobald medizinisch klar ist, das Leben dieses Kindes kann nicht gerettet werden, sobald die Eltern mit den Ärzten entschieden haben, das Kind stirbt in der Klinik, beginnt für die Schwestern und mich, darin sind wir uns einig, die schwierigste Phase: Wir müssen uns gemeinsam darauf einstellen.

Auch wenn wir es schon so oft miteinander durchgearbeitet haben, die Zeitspanne, in der das konkrete Wann noch ungewiß ist, reibt uns am meisten auf. Wir werden nervös und versuchen zu planen, gegen alle Erfahrung jedes Mal von neuem; wir versuchen auszuweichen und phantasieren Alternativen vom plötzlichen schnellen Tod bis zum Wunder der Heilung. Wir werden ungeduldig mit uns und anderen. Wir werden aggressiv gegen das Kind, weil es stirbt; gegen die Eltern, weil sie es nicht begreifen; auf Gott, weil er es zuläßt. Für all dies haben wir nur uns und müssen sehr sorgsam mit uns sein, weil wir nur uns haben.

Wie immer sind es die Kinder, die uns dabei helfen. Wenn ich es vorher nicht gemerkt hatte, spätestens jetzt fiel sie mir ein: die Geschichte, die mir das Kind vor Wochen erzählt hat, den Fernsehfilm, den es mich immer wieder anschauen ließ, die Traumsequenz, das besondere Lied, das spezielle Legospiel, das nur mit mir gespielt wurde, die Phantasie vom Vogel oder vom Bach, der die Wiese teilt, oder von der Tür.

Ich habe lange gebraucht, bis ich gehört habe, noch länger, bis ich anfing zu überlegen, am längsten, bis ich darauf vertraut habe: Jedes Kind hat sein Symbol, seinen Code für Sterben. Und jedes Kind hat seine höchst eigene, ursprüngliche Vorstellung von dem, was in der Kirche ewiges Leben genannt wird. Kinder teilen dies Wissen – und jedes Mal von neuem erschrecke ich über ihre Hellsichtigkeit – zuerst mit der Pfarrerin.

Am Anfang haben mich solche Beobachtungen furchtbar verstört, weil ich nie und von niemand derartiges berichtet bekommen hatte. Die Schwestern haben sich als erste mit kritischer Vorsicht darauf eingelassen. Inzwischen gehört das Bedenken des Symbols zu unserer Vorbereitungsphase. Denn das Symbol trägt bis zum Ende, und es wird unser Sprach- und Denkmuster bleiben in den letzten Stunden. Wir werden verstehen, was das Kind sagt, was es erlebt, wir brauchen nicht zu vermuten, zu raten, wir können einfach dabeibleiben. Je älter Kinder werden, desto zurückhaltender sind sie mit derartigen Aussagen, desto schwieriger wird es für uns. Aber wenn man vertraut genug ist, trauen sich auch junge Erwachsene, das Geheimnis zu teilen.

Christine, neunzehn Jahre, hat die Fremdspender-Transplantation erfolgreich überstanden. Das neue Knochenmark arbeitet, aber der restliche Körper macht Schwierigkeiten. Das eine Problem und das nächste, immer wieder bekämpft, immer wieder besiegt, bis dann alles zusammenbricht. Am späten Freitagnachmittag muß der Oberarzt Christine sagen, daß die erneut aufgeflammte

200

Abstoßungsreaktion, kombiniert mit der unbeherrschbaren Lungeninfektion ... Er gebraucht das Wort »sterben«. Ich treffe Christines Mutter, die orientierunglos durch den Krankenhauskorridor irrt. Wir gehen zu Christine, aber nicht lange, die Mutter muß in der Stationsküche kochen, und Christine will leben. Während ich noch versuche, ihren Worten standzuhalten, das Gleichgewicht zwischen ihren Zukunftsplänen und den ersten Todesgewißheiten auszuhalten, versuche, mich in ihren Erinnerungen an das kindliche Hüttenbauen in Opas Garten zurechtzufinden, beginnt sie die Taufdiskussion. Christine kommt aus einer antifaschistischen Familie und ist sozialistisch erzogen. Christine will sich taufen lassen. In meine Verwunderung hinein und in die gleichzeitig laufenden ersten Überlegungen nach Wann und Wie sagt sie: »Da ist doch die Geschichte mit den Königen, die das Baby retten.«

Ihre Taufbegründung, ihr Glaubensbekenntnis: das Weihnachtsevangelium. Sie wird sich einen Taufzeugen suchen, während ich den organisatorischen Kirchenkram kläre. Dann fahre ich zur viertägigen Klinikpfarrerinnen-Konferenz. Am letzten Tag, während die Schwestern umschichtig versuchen, mich telefonisch zu erreichen, sitze ich schon im Auto. Ich habe es vor Unruhe nicht mehr ausgehalten und weiß erst unterwegs, daß ich zu Christine fahre. Auf dem Weg ins Zimmer erklärt mir Schwester Ruth die Situation. Christine ist auf die F verlegt, wo sie niemand kennt. Ruths Blick gibt mir Kraft und Ruhe.

Schwester Gila hat Dienst. Sie ist neu, wir kennen uns nur von dem schwierigen Kind mit der noch schwierigeren Mutter im Zimmer nebenan. Weil gerade drei Ärzte im Zimmer sind, kann ich ihr, unter der Tür, ganz kurz die Geschichte mit den Königen erzählen.

Es sind furchtbar viele Leute da, Mutter und Freund und eine Freundin und die Kunsttherapeutin und noch eine fremde Frau. Es ist schrecklich unruhig und laut. Christine ist schon unterwegs, hat keine Gemeinschaft mehr mit den Menschen, die ihr Leben begleitet haben. Gila und ich haben kein anderes Mittel, nur uns selbst, nur unser Bewußtsein, um sie vor dem Chaos zu schützen und einen Raum von Sicherheit und Ruhe um sie herum zu bauen. Es gelingt, das merken wir daran, daß unsere Anspannung nachläßt und unsere Aufmerksamkeit für die anderen sich verliert. Wir sind nur noch bei Christine. Das weiß sie und sagt es uns: »Die Könige kommen« zwischen den immer mühsamer werdenden Atemzügen unter der Sauerstoffmaske hindurch. »Sie sollen sich eilen! Ob sie nicht schneller machen können?« Schwester Gila, als wäre es das Selbstverständlichste von der Welt, was doch dem Außenstehenden als der helle Wahnsinn erscheinen muß, erzählt von der Wüste, die die Könige durchqueren müssen. Christines Wüste, denke ich, die sie durchqueren muß. Bis Christine dann am Ende aller Wege mit großen Augen sehr leise fragt: »Darf ich mitgehen?«

Schwester Gila stellt sich hinter mich, legt mir die Hände auf die Schultern. Ich gebe Christine den Reisesegen und schließe ihr, weil alle anderen mit sich selbst beschäftigt sind, die Augen.

Während die Schwestern beim Sterben eines Kindes den üblichen Schichtwechsel absolvieren, bleibt der Oberarzt durchgehend zuständig, die Pfarrerin bleibt, ob es drei oder dreizehn oder dreiundzwanzig Stunden dauert, unmittelbar anwesend.

Wenn es so sehr lange dauert, kann ich mit dem Kind zum richtigen Zeitpunkt, den die Schwestern auskundschaften, vereinbaren, daß ich zwischendurch im Haus für eine Stunde schlafen gehe. Da ich dann am folgenden Tag frei habe, kommt alle andere Arbeit zu kurz. Zum Glück haben bei uns, wie in jedem Krankenhaus, die Wände Ohren und Münder, d.h. die Kinder und Schwestern wissen, meist besser als die Eltern und Ärzte, wo ich stecke. Die Kinder ziehen daraus den Schluß, den sie mir, wenn sie noch neu und unvertraut sind, fragend mitteilen, daß ich auch bei ihnen bleiben werde, wenn ...

Nachdem der Arzt den Tod festgestellt hat, verläßt alles Klinikpersonal das Zimmer, damit die Eltern ihr Kind ganz allein haben. Wir sagen, daß wir gehen, und wann wir wiederkommen. Eine von den anderen Schwestern hat uns inzwischen einen Kaffee gekocht. Wir zwei verkriechen uns ins Schwesternzimmer, die anderen schirmen uns ab. Zum ersten Mal Ruhe. Entspannen können wir uns noch nicht, der nächste Arbeitsschritt wartet. Wir legen eine Uhr auf den Tisch, weil auch wir längst alles Zeitgefühl verloren haben. Wir schweigen, versuchen die Schmerzen aus dem Rücken zu vertreiben.

Manchmal können Eltern sehr gut selbst sagen, daß es Zeit ist, manchmal sind sie so in ihrem Schmerz versunken, daß wir das Heft in die Hand nehmen müssen. Die Schwester bietet den Eltern ihre Hilfe beim Waschen des Kindes an. Es gibt Eltern, die können es ganz allein tun; es kommt aber auch vor, daß die Schwester und ich es allein machen müssen. Die Kleiderfrage löst die Familie aus der Erstarrung, viele Kinder haben darüber vorher entschieden, manchmal müssen die Sachen zu Hause, auch weither, geholt werden.

An eine Mutter erinnere ich mich, die bloß raus wollte, raus und weg. Sie hatte bis zum letzten Augenblick gegen uns gekämpft:»Mein Kind stirbt nicht.« Schwester Ruth ermöglicht ihr die Flucht ohne Scham, sie schickt sie Kleider kaufen und schenkt dem Vater zum ersten und letzten Mal eine Zeit allein mit seinem Kind. Auch danach hat die Familie noch einmal Zeit mit dem Kind zusammen. Ausländische Eltern können die Großfamilie herbeitelefonieren. Vor dem nächsten Schichtwechsel bringen wir das Kind in unser Leichenkämmerle. Inzwischen haben der Arzt und ich alle Kinder, die das gestorbene Kind gekannt haben, informiert, auch die, die so tun, als schliefen sie, wir haben uns ein bißchen zu ihnen ans Bett gesetzt und für den nächsten Tag Zeit für ein ausführliches Gespräch vereinbart.

Fast kein Kind, das bei uns gestorben ist, verläßt die Station ohne Abschied; mit dem Einverständnis der Eltern feiern wir immer eine kurze Aussegnung. Alle Schwestern der Station kommen dazu, die beteiligten Ärzte werden angepiepst. Denen fällt es beim ersten Mal meist entsetzlich schwer, darum dauert es bei einigen immer noch mit dem ersten Mal, für andere ist es inzwischen eine Selbstverständlichkeit geworden.

Die meisten Eltern gehen dann, um am nächsten Morgen noch einmal gemeinsam mit mir zum Kind zu gehen. Ich begleite sie bis zur Haustür.
Die Schwester hat inzwischen den Schlüssel für das Leichenzimmer geholt. Seit die Verwaltung Geld bewilligt hat, der Maler gut gearbeitet und die Nähstube mit viel Einsatz Vorhänge und Bettzeug samt Spitzenumrandun-

gen für die beiden Liegen gemacht hat, nicht zu vergessen die sechs blauen Glasleuchter, die uns das TV gestiftet hat, ist unser Kämmerle kein grauer trostloser Ort des Schreckens mehr. Ein wenig Aufruhr hatte es gegeben, weil ich das Wandkreuz entfernen ließ. Muslimische und jüdische Kinder werden nicht wehrlos unters Kreuz gelegt, in allen anderen Fällen wandert das Holzkruzifix von meinem Klinikschreibtisch eben solange dahin.

Wenn es die Körpergröße des Kindes zuläßt, wird es von einem Arzt auf den Armen in den Fahrstuhl und in den Aufbahrungsraum getragen. Ein einziges Mal hat sich einer geweigert. Noch Wochen später war er nicht bereit, mit Schwester Gerda und mir darüber zu sprechen.

Und nun kommt, wofür ich diese Klinik jedesmal von neuem liebe: Wir gehen nicht einfach auseinander und machen weiter. Jetzt ist unsere Zeit: Alle Schwestern der Station setzen sich mit uns zusammen, manchmal kommen auch die beteiligten Ärzte dazu, vielleicht sogar ganz kurz eine Schwester von den früheren Stationen des Kindes. Sie fangen an zu reden und holen uns beide aus dem schwarzen Loch, in das wir inzwischen gefallen sind.

Aufgeräumt muß auch noch werden, das tut gut und bringt uns ins normale Leben zurück.

In der Morgenbesprechung des folgenden Tages gibt der zuständige Arzt den Tod des Kindes bekannt.

Vielleicht ist zu verstehen, wie dieses Krankenhaus so ganz und gar meine Gemeinde geworden ist: eine, die ich nicht mache, sondern die mir passiert; eine, die aus uns gemeinsam erwächst oder gar nicht.

Stationen, wo wir Gott zwischen Fürsorge und Unbegreiflichkeit begegnen, wo wir uns erinnern, daß Jesus Christus – sehr viel mehr unser Bruder als unser Herr – das alles schon durchgemacht hat und deshalb versteht.

Ohne den Geist, den man den heiligen nennt, könnten wir weder zusammen lachen noch weinen und zeitweise nicht einmal überleben.

Jutta-Ute Schwarz

Autorinnen und Gesprächspartnerinnen

Akashe-Böhme, Farideh, Dr. phil., * 1951 im Iran, Studium der Soziologie, lebt als freie Publizistin in Darmstadt.

Arendt, Heidemarie, * 1951, Studium der Sozialarbeit und Sozialpädagogik, lebt in der Nähe von Dresden.

Bader-Bergengruen, Hella, * 1943, Studium der Theologie, Pfarrerin, Mitarbeit in der Frauenhilfe und in der Lebenshilfe (mit behinderten Menschen), lebt in Bad Honnef.

Bühler, Marianne, * 1963, Studium der Theologie. Studienberaterin und Assistentin an der Universität Bern, Mitglied der Frauenkommission des Schweizerischen Evangelischen Kirchenbundes, lebt in Bern, Schweiz.

Czechanowski-Mengel, Karin, * 1923, Studium der Landwirtschaft, Malerin, Bildhauerin, lebt in der Nähe von Bonn.

Dolch, Schwester Franziska, * 1919, Ausbildung als Buchhalterin, Diakonisse i. R., lebt in Gallneukirchen, Österreich.

Fehrholz, Annelise, * 1919, Ausbildung als Buchhändlerin und Verlegerin, Studium der Theologie, ehemalige Leiterin der Frauenarbeit im Dienst der Ev. Landeskirche in Baden, lebt in Ettlingen.

Frank, Evelyne, Dr. phil., Dr. theol., * 1957 , Studium der Romanistik und der Theologie, Lehrerin an einem privaten Gymnasium, lebt in Straßburg, Frankreich.

Franziskanerin vom göttlichen Herzen Jesu, Gengenbach.

Frauengruppe der Ev. Paulusgemeinde in Mannheim-Waldhof-Luzenberg.

Geiger, Marieluise, * 1936, Studium der Germanistik und der Anglistik, Lehrerin i.R., lebt in Freiburg.

Hebel, Margrit, * 1955, Studium der Psychologie und der Pädagogik, tätig als Schulpsychologin, lebt in Stuttgart.

Heider-Rottwilm, Antje, * 1950, Studium der Theologie und Sozialpädagogik, Pfarrerin, leitet die Europaabteilung im Kirchenamt der EKD, lebt in Hannover.

Jung, Aline, * 1942, verheiratet, drei Kinder, Hausfrau, engagiert in der Frauenarbeit, »Unterwegs für das Leben«, lebt in Ettenheim.

Kindt-Siegwalt, Irmgard, Dr. theol., * 1940, Studium der Theologie und der Germanistik, Lehrerin i.R., lebt in Straßburg, Frankreich.

Mailänder, Heidi, * 1940, Studium der Pädagogik, Lehrerin an Grund- und Hauptschulen, Elternberatung, lebt in Echterdingen.

Margenfeld, Dorothea, * 1939, Studium der Theologie, Pfarrerin; Prälatin der Ev. Landeskirche in Württemberg, lebt in Ludwigsburg.

Olson-Dopffel, Beverly, Ph. D., * 1948 in USA, Studium der Theologie, Pfarrerin, ehrenamtliche Erste Vorsitzende des Frauenwerks der Ev. Landeskirche in Württemberg, lebt in Tübingen.

Parmentier, Elisabeth, Dr. theol., * 1961, Studium der Theologie und der Germanistik, Pfarrerin, Dozentin für Praktische Theologie, Universität Straßburg, lebt in Neuviller les Savernes, Frankreich.

Pietz, Petra Edith, * 1957, Studium der Theologie, Provinzialpfarrerin für Frauen und Familienfragen der Landeskirche Schlesien/Oberlausitz, lebt in Görlitz.

v. Renesse, Margot, * 1940, Studium der Rechtswissenschaften, Richterin am Familiengericht, Mitglied des Deutschen Bundestages für die SPD, lebt in Bochum und Bonn.

Schülerinnen der Altenpflegeschule Landau.

Schwarz, Jutta-Ute, * 1940, zunächst tätig als Volksschullehrerin, dann Studium der Theologie, Pfarrerin, lebt und arbeitet als Krankenhausseelsorgerin in Tübingen.

Schwarze, Waltraut, Dr. chem., * 1951, Studium der Chemie, langjährige Mitarbeit an einem Labor der Universität Berlin, lebt in Berlin.

Schwester von Grandchamp, Neuchâtel, Schweiz.

Seifert, Regina, * 1953, Studium der Theologie, arbeitet als Reiseferentin der Ev. Landeskirche Sachsen, lebt in Leipzig.

Setzen, Renate, * 1941, Studium der Soziologie, Mitarbeit in der Friedensbewegung, lebt bei Schwäbisch Gmünd.

Steiff, Susanne, * 1938, Musikstudium, Ausbildung als Sozialarbeiterin, langjährige Chorleiterin, lebt und arbeitet als Gefängnisseelsorgerin in Tübingen.

v. Strube, Edelgard, Dr. phil., * 1910, Studium der Geschichte und der Theologie, Lehrerin i.R. lebt in Hamburg.

Taut, Evamaria, * 1932, Studium der Theologie, Pfarrerin i.R., tätig in der Frauenarbeit der Ev. Landeskirche Sachsens, Studiendirektorin einer Ausbildungsstätte für Gemeindehelferinnen, lebt in Dresden.

Taut-Müller, Friederike, * 1954, Ausbildung zum Wirtschaftskaufmann, Studium der Theologie, Pfarrerin, lebt in Schmeckwitz.

Wüstenberg, Renate, * 1953, Studium der Theologie, Arbeit als Katechetin und im Dienst der Inneren Mission, Religionslehrerin an einem Berliner Gymnasium, z. Zt. aus Krankheitsgründen beurlaubt, lebt in Berlin.

Zapff, Regina, * 1950, Ausbildung und Arbeit als Diplomlehrerin und Seelsorgeberaterin, Studium der Sozialpädagogik, als Sozialarbeiterin tätig für den Kinder- und Jugendnotdienst, lebt in Dresden.

Ziegler, Schwester Hanna, * 1948, Diakonisse, Oberin der Ev. Diakonissenanstalt Stuttgart, Mitarbeit in der katechetischen Ausbildung der Schwestern und Pfleger, lebt in Stuttgart.